상위
1%의
가르침

꿈과 자신감을
키워주는
10대들의
실천 인문학

상위
1%의
가르침

김현태 지음

레몬북스
lemon books

*I planned each chartered course*
*Each careful step along the byway*
*And more, much more than this*
*I did it my way*

난 계획된 길을 따라가기도 했고
샛길을 따라 조심스러운 걸음도 계획했었어
그리고 그보다 더 가치 있었던 것은
난 항상 내 방식대로 살았다는 거야

_팝송 〈My Way〉 중

# 나만의 날개를 찾아야 하는 이유

아프리카 어느 원주민은 강을 건너기 위해 아주 특별한 행동을 한다고 합니다.

그건 바로 아주 무거운 돌을 등에 지고 강을 건너는 겁니다.

굳이 왜 그런 행동을 할까요?

아무리 생각해도 이해가 되지 않겠지만 그럴 수밖에 없는 이유가 있습니다.

그건 바로 세찬 물살 때문입니다.

강의 수심이 그리 깊진 않지만 물살이 세서 목숨을 잃을 수도 있죠.

휩쓸려 가지 않기 위해서 힘이 들더라도 무거운 돌을 등에 짊어지는 거죠.

인생은 어떤 여행과도 같습니다.

그 여행을 시작하면 어쩔 수 없이 크고 작은 짐을 짊어져야 합니다. 이 짐은 우리의 경험, 감정, 기억, 꿈, 그리고 무수히 많은 순간으로 이루어져 있습니다. 이 짐은 가벼울 수도 있고 무겁게 느껴질 때도 있습니다. 때로는 실패, 상처, 어려움이 우리의 어깨에 무거운 짐으로 남아 있을 수도 있지요. 하지만 분명한 건 이 모든 것이 우리를 더 강하고 더 뜨겁게 만들어준다는 겁니다. 어려움을 이겨내고 나아가는 과정에서 우리는 진짜의 내 모습을 만나게 되는 시간을 얻게 될 것입니다.

이 책을 쓰는 동안 꽤 많은 시간이 흘렀습니다.
그리고 오늘, 여러분과 공유하게 되었습니다. 함께할 수 있어 감사하며 큰 기쁨을 느낍니다.
청소년 시기는 우리 인생에서 가장 흥미로운, 동시에 어려운 시기입니다. 부디 이 책이 여러분의 꿈을 발견하는 계기가 되었으면 하고 아울러 그 꿈을 현실로 만들기 위한 도구가 되었으면 합니다.

마지막으로 리처드 바크가 지은 《갈매기의 꿈》의 한 대목을 소개합니다.

다른 갈매기들은 먹이를 찾아 해변으로 나갔다가 다시 돌아오는 일 이상의 것에는 신경 쓰지 않았다. 그들이 중요하게 여기는 것은 나는 것이 아니라 먹는 것이었다. 하지만 조나단에게는 먹는 것이 아니라 나는 것이 더 중요했다. 무엇보다도 그는 나는 것을 사랑했다.

누구에게나 아직 발견되지 않는 날개가 있습니다. 강한 바람이 불어와도 꺾이지 않는 마음으로 자신만의 날개를 꼭 찾길 바랍니다. 더 높이, 더 멀리 훨훨 날아가길 또 바랍니다. 오늘도 참 수고하셨습니다.

# 차례

# 5
## PART
## 내일을 향해 거침없이 뛰어가자

## PART 1

# 꿈의
# 크기가
# 인생의
# 크기다

# 01 1초라는
## 시간이 쌓여

# 인생을
## 이룬다

평생 최고의 시계를 만들겠다는 열정으로 일하는 시계방 주인이 있었습니다. 그래서인지 그의 가게에는 늘 손님이 끊이지 않았습니다.

"시계 좀 고쳐주세요. 시계가 멈췄습니다."

"예. 알겠습니다."

주인은 시계를 열어보더니 빙그레 웃으며 말했습니다.

"시계를 오래도록 차지 않았나 보네요? 부속품에 습기가 찼어요."

"예."

"시계는 시간을 보기 위해서 필요한 것도 있지만, 시간을 아껴 쓰는 데 도움이 되기도 합니다. 그러니 늘 시계를 차고 계세요."

"알겠습니다."

주인은 단순히 고장 난 시계를 고치면서도 이렇듯 늘 시간의 소중함을 사람들의 가슴에 일깨워 주며 살았습니다. 그런 그에게는 어린 아들이 하나 있었습니다. 아들은 아버지가 일하는 시계방에 들러 질문하기를 좋아했습니다.

"아빠는 왜 시계 고치는 일을 하시는 거예요?"

"어, 그건 말이야. 시계가 고장 나면, 세상이 뒤죽박죽되니까 아빠가 그걸 막아주려는 거야."

"뒤죽박죽?"

"그럼, 정확한 시간을 알려줘야 약속도 잘 지킬 수 있잖니?"

어린 아들이 자라서 어느덧 스무 살이 되었습니다. 아버지는 성년이 된 아들을 위해 멋진 시계를 만들어줄 계획을 세웠습니다. 그래서 그는 이튿날부터 꼬박 열흘 동안 자리도 뜨지 않고 시계를 완성했습니다.

"이 시계, 한번 봐라."

"와, 멋져요."

"받아라. 너에게 주는 선물이란다."

아들은 무척 기뻐했습니다. 그런데 한참 동안 시계를 살펴보던 아들이 한마디 던졌습니다.

"그런데 아버지, 왜 시침은 동(銅)이고 분침은 은(銀)이고 초침은 금(金)이에요? 시침이 가장 크니까 금으로 꾸미고, 가장 작은 초침을 동으로 만드는 게 더 좋지 않았을까요?"

그러자 아버지는 미소를 지었습니다.

"그건 내가 일부러 초침을 금으로 만든 것이지. 시침, 분침, 초침 중에서 가장 중요한 게 뭐라고 생각하니? 그건 말할 것도 없이 초침이란다. 초가 모여서 분이 되고, 분이 모여서 시가 되고, 시가 모여서 우리들의 인생이 되는 거야. 그러므로 초를 잃는 것은 세상의 모든 시간을 잃는 것과 마찬가지란다. 1초, 1초가 쌓여서 너의 미래가 만들어진다는 사실, 이 시계를 보면서 잊지 말기 바란다."

◆

"좀 더 시간이 있으면 더 잘할 수 있었을 텐데…."

실패한 사람들은 늘 이렇게 시간이 없다는 핑계를 댑니다. 그러나 그 사람들의 생활을 면밀하게 들여다보면 결코 시간이 부족한 게 아닙니다. 시간의 소중함을 잊은 채 일을 뒤로 미루고 게으름을 피우는 등 쓸데없이 시간을 낭비하고 있기 때문입니다.

하루 24시간은 누구에게나 똑같이 주어집니다. 이를 헛되이 낭비하든, 계획을 짜서 잘 활용하든 본인의 선택에 달려 있습니다. 다만 우리들이 알고 있는 진리는 이 시간을 어떻게 사용하느냐에 따라서 인생이 크게 달라진다는 사실입니다.

과장해서 말하면, 인생은 단 1초라고 해도 과언이 아닙니다. 다시 말해 1초를 어떻게 보내느냐에 따라 운명이 뒤바뀔 수도 있다는 것입니다. 1초를 소홀히 하는 사람은 하루를 잃고 1년을 잃고 인생을 잃어버리는 격이 될 테니까요. 역사적으로 중요한 사건들도 단 몇 초 사이에 일어났습니다. 그러고 보면 역사나 인생의 승패는 매순간에 달려 있다고 볼 수 있습니다.

영국의 소설가 아널드 베넷은 이런 말을 했습니다.

"시간이 배급되어 있다는 것은 참으로 기적입니다. 아침에 눈을 뜨면 여러분의 지갑 속에는 마치 마술과도 같이 24시간이 가득 차 있습니다. 시간은 여러분의 재산 중에서도 가장 소중한 재산입니다."

유명한 사상가들이 늘 강조하고 있는 것처럼, 시간만큼 소중한 재산은 없습니다. 바로 이 시간 안에 성공도 있고 명예도 있으며 돈도 있고 친구도 있고 인생이 있기 때문입니다.

만약 길을 가다가 1440만 원을 주웠다고 생각해 보세요. 어떤 기분이 들까요? 그것도 같은 장소에서 그 돈을 매일 줍는다고 생각하면 아마도 입이 쫙, 벌려질 것입니다. 인생이 즐겁고 하루하루가 신이 나겠죠? 맛있는 음식도 사 먹고 멋진 옷도 사고 필요한 것을 살 수도 있을 것입니다. 그런데 이런 행운이 누구에게나 주어진다고 하면 믿어지나요?

그런 행운을 만난 적 없다고 투덜거리는 사람도 있겠지만, 그렇지 않습니다. 1440만 원의 돈은 바로 하루 24시간, 즉 1440분을 의미합니다. 우리는 돈을 잃어버리면 발을 동동 구르며 아까워하면서도 정작 시간을 잃고 낭비하는 일은 대수롭지 않게 생각하는 경우가 많습니다. 또한 이미 지나간 일 때문에 현재의 시간을 낭비하는 경우도 종종 있지 않나요?

행복한 추억을 끄집어내는 일은 일상의 시름을 잠시 잊을 수 있는 비타민과 같은 역할을 하지만, 대부분의 사람은 과거에 대한 후회나 죄책감, 잘못했던 일을 되씹는 것으로 많은 시간을 허비하고 맙니다. 이미 지나간 시간을 생각하며 붙들려고 하기보다는 앞으로 다가올 시간에 투자를 하는 일이 훨씬 더 지혜로운 일 아닐까요? 그래서 시간을 의미 있게 보내는 방법이 필요합니다. 미국의 한 신문사에서 독자들을 대상으로 설문조사를 했습니다.

"당신의 수명이 얼마 남지 않았다면 어떻게 살 것인가?"

대부분의 사람은 어려운 사람들을 도와주고, 자신의 가족을 더 많이 사랑하겠다고 말했습니다. 자, 이제부터 그 시간에 무엇을 할까는 각자의 선택에 달려 있습니다. 시간 앞에 부끄럽지 않는 사람은 아무도 없을 것입니다. 다만 그 부끄러운 시간을 반복하지 않아야 하겠습니다.

## 02 나의 단점보다 강점에 집중하자

사람들은 자신의 단점이나 치부를 드러내는 것에 더 큰 두려움을 가지고 있습니다. 자칫 자신의 부족함이 알려지면 남들에게 좋은 평가를 받지 못할까, 무시당하지 않을까 하는 생각 때문입니다. 굳이 자신의 부족함을 떠벌리고 다닐 필요는 없겠지만 그렇다고 숨기기 위해 세상으로부터 도망쳐 숨죽이며 산다는 것도 어리석은 짓입니다.

부족하면 부족한 대로, 가진 것 없으면 없는 대로 원래 모습 그대로를 보여주면 됩니다. 이 세상에 완벽한 사람은 없습니다. 저마다 단점이나 치부 하나씩을 갖고 살아가기 마련입니다. 나의 단점이나 치부를 크게 확대해서 고민하거나 걱정할 필요는 없습니다.

# 운명을 뛰어넘은 사람

자신의 부족함을 당당히 드러내고 세상의 중심에 선 사람이 있습니다.

바로 오스트레일리아에 사는 '닉 부이치치'입니다.

그는 태어날 때부터 희귀병인 해표지증이라는 장애를 갖고 있었습니다. 장애의 정도도 심했습니다. 팔다리가 없고 몸통 아래 작은 발 하나 달린 게 전부였습니다.

그의 부모는 앞날이 깜깜했습니다. 앞으로 이 아이가 어떻게 살아갈지 걱정이 되었습니다. 그렇다고 이 현실을 숨길 순 없었습니다.

"뭐든지 가르쳐주도록 합시다."

"그래요. 몸이 좀 불편해도 아는 것이 많으면 어디 가서 제 몫은 할 거예요."

그의 부모는 그에게 배울 수 있는 모든 기회를 다 주었습니다.

공부뿐만 아니라 수영, 골프, 그림, 서핑 등을 그에게 가르쳤습니다. 그는 스펀지처럼 모든 것을 다 흡수했고 하루하루가 지날수록 실력이 쌓였습니다.

그리고 부모는 그를 장애특수학교에 보내지 않고 일반 학교에 보냈습니다. 그가 친구들에게 놀림을 당할 것을 알면서도 그런 선택을 한 것입니다.

학교생활은 만만치 않았습니다. 염려했던 대로 그는 친구들로 부터 놀림과 조롱을 받았습니다.

그는 가슴속에 눈물이 요동쳤습니다. 그날 밤, 그는 부모님 앞에서 울부짖었습니다.

"왜 날 이렇게 낳았어! 이렇게 열심히 배우면 뭐 해! 아무리 배워도 결국 세상의 놀림감밖에 안 될 텐데!"

아빠는 먹먹해진 가슴을 부여잡았습니다.

"학교를 그만둬도 좋다. 그러나 여기서 지면 넌 영영 인생의 그늘에서 살아야 할지 모른다. 세상 한가운데로 나가기 위해선 너의 모든 것을 보이고 그 어떤 상황에서도 당당해야 한다. 어떻게 하겠니?"

그는 더 이상 울 수 없었습니다. 인생의 낙오자가 되고 싶지 않았습니다.

"전진할게요."

그는 이를 악물고 공부했고 더더욱 적극적으로 친구들에게 다가갔습니다. 자신의 장애를 남들에게는 없는 자기만의 특징이며 개성으로 받아들이려고 스스로 마음의 문을 열었습니다.

의지가 강하면 아무리 견고한 벽도 뚫을 수 있다고 했던가요. 그의 당당함과 적극성은 사람들에게 감동을 주었고 그래서 그는 세상 사람들과 친구가 될 수 있었습니다.

그는 현재 동기부여가로 전 세계를 누비며 강연을 하고 있습니다. 단점으로 인해 고민하는 사람, 치부를 숨기기 위해 마음 졸이는 사람, 자신이 못났다고 생각하는 사람, 고된 삶 속에서 허우적거리는 사람 등등 인생의 전환점이 필요한 사람들에게 용기와 희망을 전하고 있습니다. 그는 지난 1990년 '올해의 오스트레일리아 젊은이' 상을 수상했습니다. 그는 한 인터뷰를 통해 이렇게 말했습니다.

"이제 좀 알겠습니다. 신이 왜 나를 만들었는지."


## 나 자신을 이기는 사람

혹시 지금 자신의 단점이나 치부 때문에 고민이 많으신가요?

그렇다면 팔다리가 없는 닉 부이치치를 생각하십시오. 남보다 가진 게 없으면 어떤가요? 남보다 능력이 부족하면 어떤가요? 남보다 인맥이 부족하면 어떤가요? 그것은 장애가 될 수 없습니다.

부족함은 채우면 되고 채워도 부족하다면 그것을 극복할 강한 자신감으로 대신하면 됩니다.

광고 마케팅 용어 중에 'SWOT(스왓)분석'이란 게 있습니다.

'SWOT'은 강점(strength), 약점(weakness), 기회(opportunity), 위협(threat)이라는 단어의 앞 이니셜의 조합입니다.

'SWOT분석'은 기업이나 상품의 강점(S)과 약점(W)을 발견하고, 외부 환경을 분석하여 기회(O)와 위협(T)을 찾아냄으로써 이를 토대로 강점은 살리고 약점은 죽이고, 기회는 활용하고 위협은 억제하여 더 나은 조건으로 발전시키기 위한 마케팅 전략의 하나입니다.

'SWOT분석'은 기업이나 상품뿐만 아니라 개인에게도 충분히 적용할 수 있습니다. SWOT분석으로 자기 자신에 대해 제대로 알아보는 시간을 갖길 바랍니다.

◆ 나의 강점(S)은 무엇인가?

◆ 나의 약점(W)은 무엇인가?

◆ 나에게 찾아온 기회(O)는 무엇인가?

◆ 나를 힘들게 하는 요소(T)는 무엇인가?

# 03 내가 선택한 일이 최선의 선택이다

　음악적으로 재능이 뛰어난 한 소년이 있었습니다. 비록 가정 형편이 넉넉하지는 못했지만 빵장수를 하는 아버지는 그런 아들을 자랑스러워했고 그의 재능을 살려주려고 노력했습니다.

　"오늘 밤 시내에서 연주회가 있다는구나. 그 연주회에 다녀오렴?"

　"정말이요? 그런데 입장권이 없잖아요."

　아버지는 아들에게 연주회 표를 건넸습니다.

　"아버지, 이렇게 비싼 표를 어떻게 구하셨어요?"

　"어디서 나긴! 널 위해서 샀지. 연주회가 끝나고 돌아오는 길엔 서점에도 다녀오너라. 돈 걱정은 하지 말고 평소 보고 싶었던 음악 책이나 위인전도 사고 말이야."

　소년은 그런 아버지의 따뜻한 사랑과 관심 덕분에 음악에 더욱 몰두할 수 있었습니다. 그러나 시간이 흐르면서 청년기를 맞이한 소년은 음악이 아닌 교육 분야에 관심을 가지게 되었습니다. 결국 청년이 되어서 그는 대학에서 음악과 교육을 함께 전공했습니다. 하지만 막상 졸업이 가까워지자 청년은 진로 문제로 깊은 고민에 빠졌습니다.

'교육을 선택할 것인가, 아니면 성악을 해야 할 것인가?'

청년은 며칠 동안 문밖에도 나가지 않고 고민했으나 결정을 내리지 못했습니다. 교육을 택하려니 그동안 해온 음악이 아깝고, 음악을 하자니 교육이라는 학문에 아쉬움이 남았습니다. 그는 어떤 한 분야도 포기하고 싶지 않을 정도로 모두 하고 싶었습니다. 그러던 어느 날 저녁, 아버지가 청년에게 물었습니다.

"교육과 성악 중 너는 앞으로 무엇을 할 거니?"

청년은 머리를 긁적이며 힘없이 말했습니다.

"둘 다 하고 싶습니다."

그러자 아버지가 방에 있는 의자 두 개를 멀리 떼어놓은 뒤 이렇게 말했습니다.

"이 두 의자에 한번 앉아보렴."

청년은 두 개의 의자에 앉아보려고 곰곰이 생각해 보았지만 멀리 떨어져 있는 의자에 앉는 일은 불가능했습니다. 이윽고 아버지가 청년에게 조용히 말했습니다.

"두 의자에 동시에 앉으려면 너는 바닥에 떨어지고 말 게다. 의자에 앉으려면 반드시 그중 하나를 택해야 하고, 그 선택은 너만이 해야 하는 것이지."

아버지의 말씀을 듣고 난 청년은 그제야 고개를 끄덕였습니다. 그리고 며칠 뒤, 청년은 자신의 미래에 대한 중요한 선택을 내렸습니다. 그것은 바로 성악이었습니다. 그 시간 이후로 청년은 성악에 모든 열정을 다 쏟아부었습니다. 이 청년은 훗날 세계적인 성악가가 되었습니다. 그는 바로 세계 3대 성악가로 손꼽히는 루치아노 파바로티랍니다.

◆

우리는 무슨 일을 하건 하루에도 몇 번씩 선택과 결정을 내려야 합니다. 흔히 음식을 먹을 때에도 짬뽕을 먹을 것인가, 짜장면을 먹을 것인가 고민하지요. 물론 요즘은 두 가지 모두 맛볼 수 있는 짬짜면이라는 게 나와 있기는 합니다.

집에서도 텔레비전을 보고서 숙제를 할 것인가, 숙제를 하고 나서 텔레비전을 볼 것인가 등 선택의 순간이 없는 하루는 단 하루도 존재하지 않는다고 해도 과언이 아닙니다.

이처럼 아주 사소한 일조차도 우리는 늘 선택해야 합니다. 그런데 하물며 우리의 꿈이나 진로를 결정할 때 그 선택이 얼마나 중요하겠습니까?《인생예찬》이라는 시집을 쓴 롱펠로는 이렇게 말했습니다.

"록키산 언저리에는 동과 서로 두 갈래의 물이 흐릅니다. 그 거리는 불과 몇십 미터밖에 안 되지만 나중에는 수천 마일의 간격이 생기지요. 이와 같이 사람의 운명이란 그 출발점에서는 먼 거리를 가늠하기 어렵지만 어느 쪽으로 방향을 잡느냐에 따라 훗날 커다란 차이를 낳게 됩니다."

어느 쪽을 선택하느냐에 따라 삶의 방향이 달라지고 그 선택으로 인해 결과는 엄청나게 차이가 납니다. 출발은 같아도 어디로 가느냐에 따라 종착역은 달라진다는 얘기입니다.

모든 선택은 자신에게 달려 있습니다. 주위 사람들의 충고로 인해 선택에 영향을 받기도 하지만 결국 최종 결정은 스스로 해야 합니다. 따라서 선택의 책임 또한 자신에게 속한 문제입니다.

여러분은 앞으로 보다 많은 선택들 앞에 놓이게 될 것입니다. 그럴 때마다 앙드레 지드의 말을 기억하기 바랍니다.

"올바른 선택을 하려면 선택하려는 그 하나만 보지 말고 선택에서 제외되는 나머지까지도 잘 살펴보아야 합니다."

이 말은 선택의 문제에 놓여 있을 때에는 항상 객관적이고 신중하게 판단하라는 뜻입니다. 한쪽으로 치우친 생각으로 선택을 하

◆ ◆ ◆

모든 선택은 자신에게 달려 있습니다.
주위 사람들의 충고로 인해 선택에 영향을 받기도 하지만
결국 최종 결정은 스스로 해야 합니다.
따라서 선택의 책임 또한 자신에게 속한 문제입니다.

세 되면 만드시 후회하기 때문입니다.

우리 인생의 길은 정해져 있지 않습니다. 각자의 선택과 노력에 의해 만들어지는 것입니다. 혹시 팝송 중에 〈My Way〉라는 노래를 들어본 적 있나요? 이 노래는 한 편의 시와도 같은데, 가사의 일부를 가슴 깊이 새기면서 읽어보기 바랍니다.

*I planned each chartered course*

*Each careful step along the byway*

*And more, much more than this*

*I did it my way*

*I faced it all and I stood tall*

*And did it my way*

*To think I did all that*

*And may I say not in a shy way*

*Oh, no, oh no not me*

*I did it my way*


난 계획된 길을 따라가기도 했고

샛길을 따라 조심스러운 걸음도 계획했었어

그리고 그보다 더 가치 있었던 것은

난 항상 내 방식대로 살았다는 거야
모든 것과 정면으로 맞서면서도
난 당당했고, 내 방식대로 해냈던 거야
내가 했던 모든 걸 생각하니
당당하게 이렇게 말해도 되겠지
"아뇨, 무슨 말씀을, 난 달라요
난 내 방식대로 살았어요"라고

# 04 행동하지 않으면 아무것도 얻지 못한다

"뭐? 네가 아디다스를 이길 수 있다고? 그건 말도 안 돼! 아디다스는 세계적인 브랜드야. 그런데 어떻게 네가? 그건 불가능해."

친구들은 고개를 내저으며 청년을 비웃었습니다. 그러나 청년은 다시 눈가에 힘을 주며 말했습니다.

"난 할 수 있어. 아디다스와 경쟁해서 반드시 이길 거야. 그래서 전 세계 사람들이 내가 만든 신발을 신고 다니는 것을 꼭 볼 거야. 나, 꼭 그렇게 하고 말 거야. 아디다스보다 더 멋진 신발을 만들겠어!"

친구들은 청년에게 손가락질을 하며 뿔뿔이 흩어졌습니다. 청년은 힘없이 터벅터벅 걸어 집으로 돌아왔습니다.

그리고 청년은 온 가족이 모인 저녁 식사 시간에 자신이 하고자 하는 사업에 대해서 가족들에게 설명하기 시작했습니다. 하지만 가족들 역시 모두 고개를 내저었습니다.

"네 꿈은 정말 대단하구나. 그러나 아디다스를 이길 순 없어. 아주 잘하면 흉내는 낼 수 있을지 모르겠지만 말이다. 그 사업은 일찌감치 접는 게 낫겠다."

"전 할 수 있어요. 반드시 세계적인 신발회사를 설립할 거란 말이에요."

오히려 친구들보다 가족들의 반대가 더 심했습니다. 청년은 자기 방으로 들어가 거울을 보았습니다. 그곳에서 희망으로 가득 찬 자신의 눈빛을 보았습니다. 청년은 가슴에 손을 얹고 나지막하게 말했습니다.

"난 할 수 있어. 더 이상 머뭇거리지 않을 거야! 내 희망을 행동으로 옮길 거야!"

청년은 모든 사람의 반대에도 불구하고 자신의 생각을 실행에 옮기기로 마음먹었습니다. 회사를 차리기 위해선 돈을 모아야 하고 사람도 구해야 했습니다. 도저히 혼자 힘으로는 할 수 없는 일이기 때문에 함께 회사를 설립할 동료를 찾아 나섰습니다.

청년은 친분이 있는 사람들을 일일이 찾아다니면서 자신의 사업 계획을 설명하며 강한 의지를 드러냈습니다. 물론 하나같이 다들 거절했지만요.

청년은 깊은 절망에 빠졌지만 곧 회복하고는 사업 파트너를 구하기 위해 백방으로 뛰었습니다. 그런 노력의 결과, 사업을 같이 하자는 사람들이 점차 모이기 시작했습니다. 그러나 마음은 있지만 다들 행동으로 옮기는 일에는 겁을 내는 듯했습니다. 괜히 시작했다가 빛도 보지 못하고 회사가 망하지 않을까, 하는 불안감 때문이었습니다. 사실, 청년도 조금은 겁이 났습니다.

그런데 바로 그때였습니다. 뜻을 같이한 동료 한 명이 대뜸 이렇게 말하는 것이었습니다.

"Just do it!(지금 바로 실행해라.)"

이 말 한마디에 청년은 가슴 깊은 곳에서 슈퍼맨 같은 힘이 불끈 솟아올랐습니다.

"그래, 해보는 거야! 머뭇거리다가는 내 꿈이 사라질지도 몰라!"

청년은 당장 문을 열고 일을 시작했습니다. 그리고 회사의 슬로건을 'Just do it'으로 정하고 전 직원들이 그 문구가 적힌 티셔츠를 입고 밤낮으로 열심히 신발을 만들었습니다.

그렇게 열심히 몇 해 동안 노력한 끝에 이 신발회사는 세계적으로 유명해졌습니다. 이 회사가 바로 지금의 '나이키'입니다.

◆

세상에는 유능한 사람이 많습니다. 더 많이 배우고 더 많은 능력을 가진 사람들…. 하지만 그렇다고 그 사람들이 모두 성공하는 것은 아닙니다. 왜 그런 재능을 갖고도 성공하지 못할까요?

이유는 아주 간단합니다. 그 능력과 가능성을 가슴속에만 묻어 놓고 밖으로 꺼내지 않기 때문이죠. 행동하지 않으면 그 가치는 화석과도 같은 것입니다.

움직이는 사람만이 자신의 뜻을 이룰 수 있고, 주장하는 사람만이 자신의 의견을 관철시킬 수 있고, 소리치는 사람만이 자신이 처한 고통을 알릴 수 있는 것입니다.

지금 우리 앞에는 반쯤 열린 문이 하나 있습니다. 살짝 밀기만 하면 그 문은 활짝 열릴 텐데 두려움과 망설임 때문에 문에 가까이 다가가지 못하고 있습니다. 문은 스스로 움직이지 않습니다. 누군가 다가가서 두드리고 밀고 걷어차야만 비로소 열리는 것입니다.

살면서 누구에게나 세 번의 기회는 온다고 합니다. 그 기회가 아직 오지 않은 사람도 있겠지만 이미 한두 번의 기회가 지나간 사람도 있을 것입니다. 혹시 지금 그 기회가 지나가고 있을지도 모르겠습니다. 주어진 기회를 놓치면 남는 건 후회뿐입니다. 망설임이 길면 길수록 기회는 점점 짧아질 테니까요. 때론 과감한 결단과 행동이 필요합니다.

망설임 없는 행동으로 기회를 잡은 사람의 이야기를 하나 더 할까 합니다.

로스차일드은행을 설립해 세계 금융의 최고봉이라고 알려진 로스차일드. 그가 유럽에서 큰 성공을 거둔 후, 미국에 지점을 내려고 했을 때입니다. 어느 날, 그는 부하 직원 한 명을 불러서 물었습니다.

"미국에 지점을 낼 생각인데 준비 기간이 얼마나 필요한가?"

직원은 심각한 얼굴로 고민하더니 잠시 뒤 말했습니다.

"적어도 10일 정도는 걸릴 것 같습니다. 이것저것 준비도 해야 하고요."

"알았네."

그는 또 다른 직원을 불렀습니다. 그리고 똑같은 질문을 했습니다.

"저는 3일 후면 되겠습니다."

그러자 그는 고개를 내저었습니다. 마지막으로 세 번째로 온 직원에게 물었습니다.

"지금 곧 떠나겠습니다."

"좋아. 자네는 지금부터 샌프란시스코 지점장일세. 내일 가게."

이 직원의 이름은 줄리어스 메이. 훗날 샌프란시스코 최고 갑부가 된 사람이랍니다.

## 05 머물지 말고 계속 흘러가야 한다

오래 사귄 연인이 있다고 합시다.

그런데 어느 날, 한쪽에서 갑자기 이별을 통보합니다. 그러면 어떻게 해야 할까요?

대부분 그리하듯 상대를 붙잡을 겁니다. 이별을 통보한 이유를 일단 알아야겠고 그리고 함께 쌓았던 추억도 있기 때문에 이대로 보낼 순 없을 것입니다.

그러나 이유가 어찌 됐든 중요한 건 상대의 마음입니다. 이미 상대의 마음이 떠났다면 붙잡는다고 한들 그게 무슨 소용일까요. 마음이 떠났다는 건 사랑도 정도 추억도 함께 떠났다는 걸 의미합니다.

그럴 때는 어쩔 수 없습니다. 쿨하게 보내줘야 합니다. 미련과 집착 때문에 하루하루를 우울하고 궁상맞게 지내면 안 됩니다. 끝난 건 끝난 것입니다. 모든 걸 잊고 새로운 나, 새로운 날, 새로운 사랑을 찾아야 합니다.

생각해 보세요. 금방 지나간 막차가 있다고 합시다. 아무리 기다린다고 해서 그 막차가 다시 되돌아온 적이 있나요? 절대로 오지 않습니다. 정류장에 앉아서 떠나간 막차를 그리워하며 시간을 보낼 이유가 없죠. 택시를 타든 부지런히 걷든 빨리 새로운 결정을 내려야 합니다.

## 익숙한 것과의 이별

독일에서 정신적 아버지이자 영혼의 인도자로 알려진 안셀름 그륀 신부는 그의 저서《머물지 말고 흘러라》를 통해 이렇게 말했습니다.

"과거를 자유롭게 놓아주십시오. 과거를 놓아준 만큼 미래가 열립니다. 과거를 놓아주면 마음이 유연해집니다. 익숙한 것과의 이별. 습관과 우리를 신뢰하는 모든 것과 하루에 몇 번씩이라도 이별을 고하세요."

그렇습니다. 애벌레가 그 모습 그대로 나비가 될 순 없습니다. 고치를 깨고 나와야 하고 자신을 감싸고 있는 껍질을 버려야 합니다. 그래야 화려한 나비가 될 수 있습니다. 도토리도 마찬가지입니다. 딱딱한 껍질을 뚫고 나와야만 거대한 갈참나무가 되는 것입니다.

대한민국 최고의 MC 유재석. 지금 그는 언변이 뛰어나고 재치가 남다르지만 과거에는 그러지 못했습니다.

신인 시절 한 프로그램에서 리포터로 활약을 한 적이 있었습니다. 그는 워낙 방송 울렁증이 심해 전해야 할 소식을 제대로 전달하지 못한 채 버벅거리고 말았습니다. 방송은 엉망이 되었고 그 일이 있은 후, 그는 그 프로그램에서 하차하고 말았습니다. 한동안 그는 괴로워했겠지요. 하지만 절망의 늪에 그리 오래 있지 않았습니다. 과거에 머물지 않고 계속 도전을 했습니다. 실수를 인정하고 그 아픔을 과감히 버린 것입니다.

## 과거는 과거일 뿐

과거에 얽매여 미래까지 망칠 순 없습니다. 아프고 우울한 과거라면 하루라도 빨리 버리는 것이 좋습니다. 만내로 화려한 과거를 가지고 있다고 해서 그 화려했던 시절에 너무 오래 젖지 않아야 합니다. 왕년에는 잘나갔다고 해서 미래도 잘나간다는 보장은 없습니다. 시대는 급격하게 바뀌고 있습니다. 시대에 발맞춰 변화하지 못하면 예전보다 더 못한 미래가 될 수 있는 거죠.

세계적인 철강회사를 차려 성공을 거둔 앤드류 카네기.

그는 말년에 회사를 금융계의 큰손인 J.P.모건에 천문학적인 돈을 받고 매각했습니다. 그로써 마침내 그는 세계에서 최고로 돈을 많이 가진 사람이 되었습니다.

그러나 그는 곧 그 명예를 버리고 새로운 사람으로 태어났습니다. 그는 카네기재단을 만들어 미국 전역에 도서관을 지었고 카네기 교육진흥재단을 만들어 평생 번 돈의 대부분을 그곳에 기부했습니다.

인생의 전반부는 돈을 모으는 일에 열중했고 후반부에는 돈을 배분하면서 보냈습니다. 최고의 부자가 최고의 기부왕으로 탄생하는 순간입니다.

그가 만약 과거에 머물렀다면 후세 사람들은 그를 성공한 사업가로만 기억했을 것입니다. 하지만 그는 새로운 나를 택했기 때문에 오늘날에도 최고의 자선가로 기억되는 것입니다. 어찌 됐든 이 사회에서 경쟁력 있고 당당한 사람이 되기 위해선 새로워지고 발전해야 합니다. 버리는 자만이 새로운 걸 채울 수 있고 과거와 멀어질수록 미래와는 가까워집니다. 오늘부터 미래와 만나면 됩니다.

◆ ◆ ◆

과거를 자유롭게 놓아주십시오.
과거를 놓아준 만큼 미래가 열립니다.
과거를 놓아주면 마음이 유연해집니다.
익숙한 것과의 이별. 습관과 우리를 신뢰하는 모든 것과
하루에 몇 번씩이라도 이별을 고하세요.

안셀름 그륀 신부

## 06 창조력은
## 그냥 오는 게 아니라
## 연습이
## 필요하다

어느 마을에 늙은 의사가 나타났습니다. 그 늙은 의사가 그 마을에 온 이유는 자신이 조제한 어떤 액체와 그 조제 비법을 팔기 위해서였습니다.

늙은 의사는 약국으로 들어가 젊은 주인과 흥정하기 시작했습니다. 오랜 흥정 끝에 드디어 결론이 났습니다. 젊은 주인은 그 늙은 의사에게 돈 뭉치를 건넸고 늙은 의사는 그 액체에 대한 제조 및 판매권을 젊은 주인에게 넘겼습니다.

젊은 주인은 두 주먹을 불끈 쥐며 기뻐했습니다. 그리고 마음속으로 말했습니다.

"그래, 이건 하늘이 주신 기회야. 이런 위대한 창조물을 내 손안에 넣다니!"

1892년, 젊은 주인은 음료 회사를 설립하고 그 음료를 세상에 선보이게 되었습니다. 그 음료를 맛본 사람들은 열광했습니다.

"세상에 이런 음료가 있다니. 정말로 놀라워."

"금방 먹었는데 또 먹고 싶다."

세상에서 빛을 보지 못한 창조물을 세상에서 가장 위대한 창조물로 재탄생시킨 젊은 주인, 그가 바로 코카콜라의 창시자, 아사 캔들러입니다.

그 코카콜라는 대단한 위력을 발휘했습니다. 사탕수수를 재배하는 자들에게 일자리를 주었고 그 음료를 담은 용기를 만들기 위해 디자이너, 카피라이터 등이 새로운 프로젝트에 착수하게 되었고 공장이 돌아가고 판매사원이 생기게 되었습니다. 이처럼 하나의 창조물이 세상을 바꾸고 사람들을 먹여 살리기도 합니다.


## 가장 위대한 힘, 창조력

《생각의 혁명》의 저자 로저 본 외흐는 이렇게 말했습니다.

"끊임없이 변화하고 발전하는 이때, 기존의 것을 극복하고 새로운 것을 찾아내는 것은 반드시 필요합니다. 일반적으로 창조적 사고는 특별한 일을 하는 사람만 필요한 것이라고 생각하기 쉽습니다.

하지만 창조력이 정말 필요한 곳은 우리의 가정이나 학교와 같은 기본적인 공간일지도 모릅니다. 빠르게 변화하는 시대에 발맞춰 나아가기 위해서는 모든 사람들에게 창조적 사고의 기술이 반드시 필요합니다."

창조는 무지개처럼 저 멀리 있는 것이 아닙니다. 우리 눈앞에, 우리의 일상 속에 있습니다. 생활 속에서 불편한 것을 해결하고 당장 코앞에 닥친 문제를 슬기롭게 해결하는 것, 그게 바로 창조입니다. 그 작은 창조적 습관이 세상을 새롭게 만들고 남들에게 인정받을 수 있는 위대한 힘으로 성장하게 합니다.

## 창조적인 생각을 위한 단련법

### 1. 정해진 시간 안에 목표를 달성하기

친구와 수다 떨기에 5분은 턱없이 짧습니다. 그러나 생각을 하기에 5분은 충분한 시간입니다. 시간이 부족해서 못 한다는 말은 통하지 않습니다. 오히려 시간이 제한되어 있을수록 더 많은 능력을 발휘할 수 있습니다. 제한된 시간은 적당한 긴장감을 생기게 하여 집중력을 높일 수 있습니다. 또한 마음이 조급하기 때문에 문제 해결을 위해 평소에 생각하지도 못한 독특한 생각을 할 수도 있습니다. 그래서 놀랍게도 정해진 시간 안에 목표를 달성할 수 있습니다. 시간을 정해놓고 목표를 끝내는 훈련을 반복적으로 하세요. 그런 반복을 통해 창의적인 생각이 더욱 단단해집니다.

### 2. 파괴하고 조합하고 새롭게 구성하기

'창조적 파괴(creative destruction)'라는 말이 있습니다. 경제학자 조지프 슘페터가 기술의 발달에 경제가 얼마나 잘 적응해 나가는지를 설명하기 위해 제시한 개념입니다. '기술혁신'으로서 낡은 것을 파괴, 도태시키고 새로운 것을 창조하고 변혁을 일으키는 '창조적 파괴' 과정이 기업 경제의 원동력이라고 강조하고 있습니다. 기존의 것을 그대로 수용하지 말고 뒤집고 비틀고 파괴하세요. 그리고 말도 안 되는 것을 붙이고 조합하세요. 창의력은 파괴로부터 시작하는 것입니다.

### 3. 헤드라인 바꾸기

인쇄 광고물이나 신문을 보면 헤드라인이 있습니다. 헤드라인의 역할은 굳이 본문을 읽지 않더라도 본문을 파악할 수 있고 또한 본문을 읽고 싶게끔 유도하는 것입니다. 헤드라인은 모든 글의 농축액이고 호기심을 유발하는 유도제입니다. 그런 헤드라인을 이제 직접 써보고 기존의 것을 바꿔보는 건 어떨까요. 헤드라인을 잘 쓰는 사람은 그만큼 사람들의 심리를 꿰뚫는 것이고 사람들로 부터 주목을 받을 수 있는 능력을 갖춘 셈입니다. 광고물이나 신문 헤드라인을 보게 되면 그냥 넘어가지 말고 더 멋지게 한번 바꿔보세요. 헤드라인 바꾸기를 통해 자신도 모르게 놀라운 창의력의 세계에 빠지게 될 것입니다.

◆ ◆ ◆
창조는 무지개처럼 저 멀리 있는 것이 아닙니다.
우리 눈앞에, 우리의 일상 속에 있습니다.
생활 속에서 불편한 것을 해결하고 당장 코앞에 닥친 문제를
슬기롭게 해결하는 것, 그게 바로 창조입니다.

# 07 자신의 가치는 스스로 만드는 것이다

명강의로 소문난 한 강사에게 구청 직원이 찾아왔습니다.

"안녕하세요. 저는 구청 재취업센터에서 일하는 김민구라고 합니다. 다름이 아니라 선생님의 강의가 너무 좋다고 해서 한번 초청하고 싶습니다."

"그래요? 강의 내용은 무엇으로 했으면 좋겠습니까?"

"재취업센터에 등록된 구민들은 모두 한번씩은 실패를 해본 사람입니다. 그래서 다들 좌절의 늪에 빠져 있지요. 그들에게 용기를 북돋워 줄 수 있는 내용이면 좋겠습니다."

강사는 잠시 생각에 잠겼다가 고개를 끄덕이며 대답했습니다.

"좋아요. 좌절에 빠진 사람들에게 새로운 의욕을 심어준다는 것이 그리 쉬운 일은 아니지만 열심히 한번 해보겠습니다."

며칠 뒤, 강사는 구청으로 갔습니다. 강당에는 꽤 많은 사람이 모여 있었습니다. 강사는 사람들을 찬찬히 살펴보았습니다. 하나같이 얼굴색이 어둡고 근심이 가득했습니다. 사람들은 강사에게는 별 관심이 없다는 듯 고개를 푹 숙이고 있었습니다. 그때 그는 주머니에서 100만 원짜리 수표 한 장을 꺼내 높이 쳐들며 말했습니다.

"여러분, 이건 100만 원짜리 수표입니다. 이 돈, 갖고 싶으신 분은 손 한번 들어보세요."

조용하던 강당은 순식간에 시끄러워졌고 대부분의 사람이 손을 들었습니다. 강사는 이어서 말했습니다.

"저는 여러분 중 한 사람에게 이 돈을 드릴 생각입니다. 하지만 먼저 제 손을 주목해 주시기 바랍니다."

강사는 갑자기 수표를 손으로 마구 구겼습니다. 그리고 큰 소리로 다시 외쳤습니다.

"지금 이 수표는 구겨졌습니다. 그래도 이 수표를 갖기 원하십니까?"

돌발적인 강사의 행동에 놀랐지만 역시 모든 사람이 손을 들었습니다.

"좋습니다."

그다음, 강사는 100만 원짜리 수표를 바닥에 던지더니 구둣발로 밟아 더럽혔습니다. 그는 더럽혀진 100만 원짜리 수표를 다시

집어 들고 사람들에게 아직도 돈을 갖고 싶은지 물었습니다. 거의 대부분의 사람이 손을 들었습니다. 이때, 강사는 힘찬 어조로 다음과 같은 결론을 내렸습니다.

"제가 아무리 이 수표를 구겨서 짓밟고 더럽혀도 그 가치는 절대 줄어들지 않을 것입니다. 100만 원짜리 수표는 항상 100만 원짜리 수표의 가치가 있는 거지요. 저와 여러분도 마찬가지입니다. 인생이라는 무대에서 우리는 여러 번 바닥까지 떨어지고 내동댕이쳐지며 때론 누군가에게 밟히고 더럽혀지기도 합니다. 지금이 바로 그런 시기죠. 하지만 여러분의 가치는 그대로입니다. 그러니 빨리 절망의 늪에서 빠져나와서 새롭게 시작해 보십시오. 자신의 가치를 믿는 순간, 당신은 이미 성공의 길로 들어선 것입니다."

강의가 끝나자, 사람들은 자리에서 일어나 우레와 같은 박수를 쳤습니다. 강당 안에는 여기저기에서 희망의 꽃이 피어나기 시작했습니다.

◆

자동차의 왕이라고 일컫는 헨리 포드는 이런 말을 했습니다.

"미래를 두려워하고 실패를 두려워하는 사람은 자기 스스로 손발을 묶어놓은 것과 똑같습니다. 실패를 두려워하지 마세요. 실패란 이전보다 훨씬 풍부한 지식으로 다시 일을 시작하게 만드는 기회의 또 다른 이름일 뿐입니다."

흔히 실패는 성공으로 가기 위한 전 단계라고 말합니다. 혹시 지금 좌절의 늪에 빠져 있다고 자신을 책망하거나 미워하지 마세요. 사람은 누구나 크고 작은 실패를 경험하게 됩니다. 하지만 실패를 받아들이는 마음가짐에 따라 보약이 되기도 하고 독약이 되기도 합니다.

실패를 보약으로 만들기 위해서는 자신의 부족함을 깨닫고 앞으로 보완해야 할 점이 무엇인가 정확하게 파악하는 일이 필요합니다. 실패했다고 자신의 가치까지 실패한 건 아니기 때문입니다. 인간의 가치는 무한합니다. 마음먹기에 따라 사람은 1%의 희망으로 99%의 절망을 이길 수 있는 능력이 있습니다. 이를 흔히 기적이라고 말하지요? 기적은 자기 자신을 믿고 행동하는 사람에게 일어납니다.

따라서 자신의 가치를 스스로 만들어나가야 합니다. 낡고 보잘것없는 바이올린 하나도 누가 연주를 하느냐에 따라 그 가치가 달라집니다. 아무리 비싼 바이올린도 서툰 연주자가 연주하면 그 값어치는 낮아질 수밖에 없습니다. 비록 낡은 바이올린이라도 세계적인 연주자가 연주한다면 그 바이올린의 가치는 천정부지로 치솟을 겁니다. 낡고 평범한 바이올린도 명품 바이올린이 될 수 있는 것입니다.

미국의 작가 리플리가 쓴 《믿거나 말거나》라는 책에 이런 말이 나옵니다.

"5달러짜리 쇠 한 덩이로 말굽을 만들면 50달러에 팔 수 있고, 바늘은 5천 달러어치를 만들 수 있으며, 시계를 만든다면 5만 달러 이상의 가치를 만들어낼 수 있습니다."

이처럼 같은 물건이라도 남다른 생각과 노력이 더해지면 인생의 가치는 더욱 높아지게 됩니다. 무엇보다 자기의 가치를 키우고 높이기 위해서는 현재 주어진 일에 최선을 다해야 할 것입니다. 아무리 하찮은 일도 쉽게 여기지 않고, 그 일을 하는 동안만큼은 열정을 쏟아야 합니다. 그러면 어느 순간 자신의 가치는 올라갈 것입니다.

《장발장》으로 유명한 프랑스의 작가 빅토르 위고는 자신이 선택한 일에 무한한 애정을 가졌던 사람 중 하나입니다. 그가 남긴 다음의 말은 우리에게 큰 교훈을 전해줍니다.

"나는 40년 동안 시와 산문, 소설과 풍자 속에 나의 사상을 담았습니다. 그러나 나는 내 사상의 100분의 1도 말하지 못했습니다. 나는 지상에서의 내 마지막 날이 찾아올 때 병상에서 잠이 든다고 하면 다음 날 아침 천국에서 잠이 깰 때에는 평소와 같이 지금의 일을 계속하고 있을 것입니다."

여러분은 지금 하는 일을 어떻게 생각하고 있나요? 우리의 인생은 누가 뭐라고 해도 명품입니다. 다만 그 가치를 알아주는 사람이 아직 나타나지 않았을 뿐이죠. 희망을 품고 끊임없이 노력하면 그 가치를 알아보고 높이 평가해 주는 사람도 만나게 될 것입니다. 따라서 실패와 절망의 순간에도 자신을 믿고 꿋꿋하게 이겨나가야겠지요?

# 08 두드리는 자에게만 문이 활짝 열린다

　어느 집의 채소밭에 큰 바윗돌이 박혀 있었습니다. 돌의 넓이는 40센티미터, 높이는 10센티미터 정도였습니다. 그래서 그 채소밭을 지나가는 많은 사람이 돌에 걸려 넘어지는 일이 자주 생겼습니다.

　그래서 그 집 아들이 아버지에게 돌을 뽑아서 없애자고 말했습니다. 하지만 아버지는 그냥 놔두라고 했습니다. 아들은 고개를 갸우뚱거리며 다시 아버지에게 물었습니다.

　"왜 저 돌을 없애지 않는 거예요?"

　그러자 아버지가 이렇게 대답했습니다.

　"저 돌은 너희 할아버지 때부터 지금까지 그 자리에 박혀 있었지. 옛날부터 뽑지 못했던 저렇게 크고 무거운 돌을 네가 어떻게 뽑을 수 있겠니? 쓸데없이 시간 낭비하면서 힘을 들이기보다 차라리 '돌 조심'이라는 표지판을 세워놓는 게 낫지 않을까?"

아들은 아버지의 말이 옳다고 생각했고, 즉시 표지판을 만들어 돌 옆에 세워두었습니다. 어느덧 세월이 흘러서 그 아들이 어른이 되고 결혼도 해서 아들을 낳았습니다. 그리고 그의 아들이 자라 청년이 되었고 그가 아버지에게 흥분하며 말했습니다.

"아버지, 오늘 또 제 친구가 저희 채소밭에 있는 돌에 걸려서 넘어졌어요. 저 돌을 보면 볼수록 화가 나요. 사람들을 불러서 뽑아버리는 것이 어떻겠어요?"

그러자 아버지는 자신의 아버지가 그랬던 것처럼 고개를 내저으며 똑같이 말했습니다.

"예전에 나도 너처럼 너희 할아버지에게 저 돌을 없애자고 말했었지. 하지만 할아버지는 괜한 헛수고라고 얘기했어. 그러니 너도 그만두는 게 좋을 게다. 그 돌은 무게가 상당하단다."

하지만 청년은 힘주어 말했습니다.

"저는 저 돌을 뽑아내겠어요. 제가 할 겁니다."

그러자 아버지는 버럭 화를 냈습니다.

"도대체 몇 번이나 말해야 알아듣겠니? 무거운 저 돌을 뽑아내는 일은 불가능하다니까! 소 대여섯 마리가 끌어당기면 모를까…."

그러나 청년은 다음 날 아침, 호미와 물이 담긴 바가지를 들고 채소밭으로 갔습니다. 그는 돌 주변에 물을 뿌리고는 잠시 후 호미로 흙을 파헤치기 시작했습니다.

'아무리 큰 돌이라도 내가 뽑아내고 말 테야. 하루가 걸려도, 아니 열흘이 걸린다고 해도 뽑아낼 수 있어.'

청년은 돌이 무척이나 크고 무거울 것이라고 예상하고 각오를 굳게 다졌습니다. 다행히도 얼마 지나지 않아 청년은 아주 쉽게 돌을 뽑아낼 수 있었습니다. 막상 돌을 파내고 보니 생각했던 것만큼 그렇게 크지도 않았습니다.

'겨우 이것밖에 안 되는 돌인데, 지금까지 그 많은 사람들이 걸려서 넘어졌던 거야?'

돌은 겉으로 튀어나온 부분만 커 보였을 뿐 전체는 그다지 크지 않았던 것입니다.

이처럼 시작하기도 전에 미리 겁먹거나 처음부터 아예 포기한 적은 없었나요? 그리고 그 결과는 어땠습니까? 시도하지 않았기 때문에 얻는 것 또한 없었을 것입니다.

살다 보면 크고 작은 어려움과 시련이 생깁니다. 그때마다 뒷걸음질 치고 포기해 버리겠습니까? 어차피 해야 할 일이라면 당당하게 부딪쳐 보는 것이 더 멋있지 않을까요? 열심히 두드리다 보면 강하고 완고해 보였던 벽도 활짝 열리게 되는 법입니다. 이 세상에는 노력하는 사람을 당해낼 사람은 그 누구도 없기 때문입니다.

◆

천국으로 가는 길에는 문이 하나 있습니다. 그러나 아주 무시무시하게 생긴 괴물들이 그 문을 지키고 있었습니다. 사람들은 천국으로 가고 싶었지만 감히 그 문 앞으로 다가가지 못했습니다. 바로 괴물 때문이었습니다. 잘못했다가는 괴물에게 잡아먹힐지도 모른다는 생각이 들었던 것입니다.

그러던 어느 날, 한 청년이 당당하게 그 문 앞으로 갔습니다. 그러자 괴물들이 청년에게 정중히 인사를 건네며 문을 열어주는 것이 아니겠습니까?

"어서 오십시오. 천국에 오신 것을 환영합니다."

사람들은 그제야 비로소 앞다투어 천국의 문으로 갈 수 있었다고 합니다. 사람들이 싫어한다고 아무 일도 하지 않거나 실패가 두렵다고 아예 시도조차 하지 않는다면 몸과 마음이 조금 편할 수는 있을 것입니다. 하지만 그것은 진정으로 살아 있는 게 아니라 쇼윈도에 있는 마네킹에 불과합니다.

살아 있다는 건 새로운 환경에 맞서 끊임없이 두드리고 도전하는 것입니다. 물론 우리가 하는 일에 모두 성공하는 건 아니지요. 중요한 건 시도해 보는 노력 그 자체입니다. 적어도 씨를 뿌리는 사람에게는 열매를 꿈꿀 수 있는 권리가 생기기 때문이지요.

세계적인 경영 컨설턴트 톰 피터스는 이렇게 말했습니다.

"시도해 본 끝에 실수를 저지른 사람은 진급시켜야 하지만, 시도조차 하지 않고 실패한 사람은 해고해야 마땅합니다. 결과적으로 말하면 대담한 사람은 늘 무엇인가 끊임없이 배우려고 합니다. 바로 이들이 회사를 탁월한 차원으로 이끌고 가는 사람들입니다."

지금 여러분의 마음 한편을 짓누르고 있는 큰 바윗돌이 있나요? 너무 크고 무거워서 감히 옮길 엄두가 나지 않습니까? 그렇다면 생각을 바꾸어보는 것이 어떨까요? 그리고 그것을 행동으로 보여주세요. 손을 뻗어서 번쩍 들어 던져보세요.

행동하는 사람에게는 분명히 소중한 결과가 뒤따릅니다. 실패라는 소중한 경험이든 성공이라는 행운의 기회든 말입니다.

♦ ♦ ♦

살다 보면 크고 작은 어려움과 시련이 생깁니다.
그때마다 뒷걸음질 치고 포기해 버리겠습니까?
어차피 해야 할 일이라면 당당하게 부딪쳐 보는 것이
더 멋있지 않을까요?
열심히 두드리다 보면 강하고 완고해 보였던 벽도
활짝 열리게 되는 법입니다.

# 09 이 세상에
## 쓸모없는
## 생각은
## 없다

"돌쇠야, 물을 길어 오너라."

"예. 알겠습니다, 주인님."

평소 주인에게 충직하기로 소문난 돌쇠는 물통 두 개를 메고 시냇가로 향했습니다. 물통 중 하나는 오래되고 깨져서 물을 퍼도 샜고, 다른 하나는 튼튼해서 물이 새지 않았습니다. 따라서 돌쇠가 물을 길어 집으로 오면 매번 한쪽 물통엔 물이 반밖에 없었습니다.

"주인님, 물을 길어 왔습니다요."

"그래, 고생했다. 어서 밥 먹거라."

열심히 일한 돌쇠는 허겁지겁 밥을 먹었습니다. 다음 날, 주인이 또다시 돌쇠를 불렀습니다.

"돌쇠야, 어서 물을 길어 오너라."

"예. 알겠습니다."

돌쇠는 싱글벙글 웃으며 시냇가로 향했습니다. 냇가에 도착한 돌쇠는 물통에 물을 담았습니다. 그는 물이 새는 통을 바라보며 속으로 중얼거렸습니다.

'너는 새니까 이제 더 이상 필요 없을 것 같구나. 돌아가면 주인 어른께 말씀드려서 새 물통으로 사달라고 해야겠어. 그러면 앞으로 더 많은 물을 길어갈 수 있을 거야.'

돌쇠는 물지게를 힘겹게 지고 집으로 향했습니다.

"돌쇠야, 오늘도 수고가 참 많았구나."

"아닙니다. 제가 당연히 해야 하는 일인데요. 그나저나 주인님, 말씀드릴 게 하나 있습니다."

"그래, 말해보거라."

돌쇠는 두 개의 물통을 들고 차분하게 설명하기 시작했습니다.

"보시다시피 물통 하나는 괜찮은데 하나는 오래되고 낡아서 물을 가득 담아도 집으로 들고 오다 보면 물이 샙니다. 그래서 새로 물통을 사면 더 많은 물을 가져올 수 있을 것 같습니다."

돌쇠에게 당연히 새 물통을 사줄 것으로 알았던 주인은 의외로 고개를 내저었습니다.

"세상에 쓸모없는 것은 하나도 없지. 비록 저 물통이 새긴 했지만 나름대로 열심히 그 역할을 했을 것이다. 지금 당장 네가 지나왔던 길을 둘러보고 오너라. 그러면 물이 샌 물통이 한 일을 알 수 있을 것이다."

돌쇠는 주인의 말대로 다시 시냇가로 향했습니다. 길가에는 작은 꽃들이 가지런히 피어 있었습니다. 돌쇠는 그 꽃들을 보며 낡고 오래된 물통의 가치를 깨달았습니다.

'그렇구나. 물통에서 흐른 물이 이 꽃들을 피워낸 거야. 그래서 이 길이 이렇게 꽃향기로 가득하고 아름다울 수 있었구나.'

돌쇠는 집으로 뛰어가서 새는 물통을 끌어안고 이렇게 말했습니다.

"미안하다. 물통아, 난 네가 쓸모없는 물건인 줄 알았어. 그런데 그게 아니구나. 앞으로 널 더욱 아껴줄게."

"돌쇠야, 이제 알았느냐? 새는 물통의 가치를…."

머리를 긁적이는 돌쇠를 보며 주인은 흐뭇한 미소를 보였습니다.

◆

나는 왜 이렇게 키가 작을까, 우리 집은 왜 이렇게 가난할까, 나는 왜 이렇게 머리가 나쁠까. 혹시 이와 비슷한 고민 때문에 잠 못 이룬 적 있나요? 그렇다면 이제라도 과감하게 그 고민의 그늘에서 빠져나오세요.

완벽한 사람은 세상에 없답니다. 사람은 누구나 한두 가지의 단점이 있습니다. 나만 부족한 게 많고 힘들다고 생각하지만 사실 다른 사람들도 비슷한 생각을 한다고 합니다. 따라서 자신의 결점 때문에 기죽을 필요는 없습니다. 사람은 누구나 이 세상에 태어난 존재의 이유가 있습니다. 즉 쓸모없는 사람은 세상에 단 한 명도 없다는 말이지요.

혹시 도도새라는 이름을 들어본 적 있나요? 도도새는 인도양 외딴섬에 사는데, 다른 새들보다 얼굴도 못생기고 빛깔도 볼품이 없습니다. 게다가 먹이로 가치가 없을 정도로 질기고 맛도 없다고 합니다. 그래서 사람들은 도도새를 아무짝에도 쓸모없는 새로 여겼답니다. 이렇게 외면당하던 도도새는 결국 멸종 위기에 놓였습니다.

바로 그 시기부터 섬에 이상한 일이 생겼습니다. 섬 전체를 아름답게 만들었던 갈바리야 나무가 점점 죽어갔습니다. 사람들이 그 이유를 조사해 보니, 도도새의 멸종과 관련이 있었습니다. 갈바리야 나무 씨앗은 껍질이 너무 두꺼웠는데, 놀랍게도 도도새가 그 씨앗을 먹고 배설물을 내놓아야만 싹이 틀 수 있었던 것입니다. 이렇듯 쓸모없어 보였던 도도새도 나름대로 제 몫의 역할이 있었던 것입니다.

그러니 우리가 태어난 것도 각자가 세상에서 해야 할 일이 있기 때문이겠지요? 지금 처한 현실이나 환경이 나쁘다고 해서 불평하거나 절망하지 마세요. 성공한 사람들은 좋은 조건에서 태어난 것이 아니라 오히려 이런 열악한 상황을 이겨낸 경우가 더 많습니다.

미국의 링컨 대통령이 그 대표적인 경우입니다. 그의 아버지는 구두수선공이었습니다. 귀족들은 신분이 낮은 구두수선공 아들이 대통령에 당선된 일이 못마땅했습니다. 링컨이 취임 연설을 하기 위해서 의회에 도착했을 때, 나이 많은 의원들은 링컨의 아버지가 구두수선공이라는 사실을 비아냥거렸습니다. 그러나 링컨은 당황하지 않고 환하게 미소를 지었다고 합니다.

"지금 의원님들이 신고 있는 구두 중에는 우리 아버지께서 만드신 것도 있을 것입니다. 혹시 구두에 이상이 있으면 저에게 주십시오. 제가 아버님께 직접 전해드릴 테니까요."

링컨은 자신을 비웃는 사람들에게 기죽지 않고 더욱 당당하고 여유 있게 말했습니다. 현재 자신이 갖고 있지 못한 것 때문에, 부족한 점 때문에, 스스로를 열등감의 수렁에 빠뜨리지 마세요. 크건 작건 고통은 누구에게나 주어지는 것인데, 이를 어떻게 견뎌내느냐에 따라 성공과 실패가 좌우된다는 사실, 절대로 잊지 마세요.

# 10 멈추는 순간 모든 것은 후퇴한다

"끝냈어. 드디어 내가 해낸 거야!"

영국의 역사학자이자 비평가 토머스 칼라일은 2년여 동안 하루도 밖에 나가지 않고 온 힘을 다해 집필한 끝에 《프랑스 혁명사》라는 방대한 글을 끝마쳤습니다. 그리고 기쁨을 함께하고자 원고를 들고 절친한 친구였던 존 스튜어트 밀을 찾아갔습니다.

"친구, 드디어 내가 《프랑스 혁명사》 원고를 완성했다네. 밥을 먹는 시간 외에 오직 이 원고에만 매달렸다네."

칼라일은 존 스튜어트 밀에게 원고를 내밀며 정중하게 부탁했습니다.

"이 원고 좀 읽어봐 주겠나? 자네가 읽어보고 부족한 점이 있으면 말해주게."

"기쁜 마음으로 읽어보겠네."

며칠이 지나지 않아 존 스튜어트 밀은 가쁜 숨을 몰아쉬며 칼라일을 찾아왔습니다.

"아니, 원고를 벌써 다 읽었나? 그래, 어떻던가?"

존 스튜어트 밀은 한참 동안 아무 말도 하지 않았습니다.

"왜 그런가? 안색이 안 좋군."

"미… 미… 미안하네."

"미안하다니 그게 무슨 소린가? 차근차근 말해보게나."

존 스튜어트 밀은 힘겹게 입을 열었습니다.

"자네 원고가 잿더미가 되었네. 우리 집 하녀가 아무것도 모르고 그만… 벽난로에 넣고 말았다네."

친구의 말을 듣는 순간 칼라일은 그 자리에 주저앉고 말았습니다. 너무나 기가 막혀서 화를 낼 수도 없었습니다. 2년 동안 기울였던 노력이 한순간에 물거품이 되고 말았기 때문입니다.

칼라일은 그 괴로움을 매일 술로 달랬습니다. 그러던 어느 날, 그는 우연히 창문 밖으로 무너지고 있는 건물을 보게 되었습니다. 그런데 무너진 건물 더미 앞에서 한 벽돌공이 쭈그리고 앉아 한 장 한 장 벽돌을 쌓고 있었습니다. 벽돌공의 모습을 보자 칼라일의 마음속에도 새로운 의욕이 불타올랐습니다.

'그래, 다시 시작해 보자. 저 튼튼하고 멋진 건물도 처음에는 벽돌 한 장으로부터 시작된 거야. 한 장 한 장 벽돌을 쌓으면 언젠가는 다시 건물이 만들어질 테니까. 좋아, 지금부터 하루에 한 페이지씩 다시 쓰자. 내일 그리고 모레도 한 페이지씩 차근차근 말이야.'

칼라일은 불에 탄 원고를 되새기며 서두르지 않고 하루에 한 장씩 원고를 써나갔습니다. 2년이 지나고 5년, 10년의 세월이 걸린다 해도 상관하지 않고 묵묵하게 해나가기로 했습니다.

그렇게 집필한 끝에, 칼라일은 《프랑스 혁명사》를 다시 완성하게 되었습니다. 맨 처음에 썼던 원고보다 더욱 치밀하고 견고해졌습니다. 하루에 한 페이지씩 쉬지 않고 조금씩 꾸준히 노력한 결과, 위대한 작품이 탄생할 수 있었던 것입니다.


◆


우리가 산을 오를 때 정상까지 갈 수 있는 이유는 한 걸음 한 걸음 쉬지 않고 꾸준히 발을 내디뎠기 때문입니다. 꽃이 아름다운 이유는 비와 바람을 맞고도 잘 견뎌냈기 때문입니다.

하루아침에 완성된 것은 아무것도 없습니다. 꿈을 이루기 위해 목표를 세웠다면 끊임없이 노력하세요. 서너 개의 계단을 한꺼번에 오르고 쉬는 것보다는, 멈추지 않고 천천히 가는 것이 좋습니다. 왜냐하면 초반에 너무 서둘렀다가 쉽게 지치거나 질리는 일이 생기기도 하니까요.

아이슈타인은 성공 방정식을 다음과 같이 정의했답니다.

$$S = X + Y + Z$$

쉽게 풀어서 설명하면 S는 성공, X는 노력, Y는 즐거움, Z는 사색의 시간을 뜻합니다. 그는 이 X, Y, Z 중 하나라도 부족하면 진정한 성공을 이룰 수 없다고 말했습니다. 소설가 카뮈도 이와 비슷한 말을 비유적으로 했습니다.

"개미 한 마리가 작은 빵조각을 물고 담벼락 오르기를 시도했는데 예순아홉 번 떨어지다가 일흔 번째 목적을 달성했습니다. 바로 이것이 성공입니다."

10대는 인생의 좋은 밑거름을 만들어야 하는 시기입니다. 그래서 흔히 씨앗에 빗대어서 말하곤 하지요. 씨앗이 잘 자라도록 하려면 많은 노력과 사랑이 필요합니다. 그 씨앗이 훗날, 숲을 이루는 큰 나무가 되려면 스스로 끊임없는 믿음을 주어야 합니다.

그리고 신념을 세우십시오. 꼭 하고 싶은 일, 반드시 해야 하는 일을 생각해 보세요. 물론 이런 신념을 정하는 일이 쉽지 않을 수도 있겠지만 그래도 분명히 찾아내야 합니다. 왜냐하면 보다 선명하게 여러분의 미래를 알 수 있기 때문이지요.

신념을 세웠다면 흔들리지 말고 끝까지 해보세요. 재능이 없다고 탓하거나 미리 겁먹고 주저앉으면 아무것도 할 수 없습니다. 꾸준한 노력은 바위도 뚫을 수 있고 산을 옮길 수도 있습니다. 10%의 재능밖에 없는 사람일지라도 90% 이상의 노력을 쏟는다면 성공하지 못할 일은 없습니다.

반면 제아무리 90% 이상의 재능을 타고난 사람이라도 자만에 빠지거나 전혀 노력하지 않는다면 그 사람이 가진 재능과 재주는 세상이 알아주지 않습니다. 노력하세요. 조금씩 꾸준히! 이것이야말로 성공의 문을 가장 빨리 열 수 있는 소중한 열쇠입니다.

PART 2

# 운명은
# 내
# 스스로
# 결정한다

# 11 익숙한
## 것과
## 결별할
## 용기를 갖자

아프리카에 사는 '스프링 벅'이라는 동물은 무리 지어 달리는 습성이 있습니다. 한 마리가 갑자기 달리기 시작하면 나머지도 그를 따라 일제히 달리기 시작합니다.

"지금 우리가 어디로 가고 있지?"

"그건 왜 물어. 일단 달려."

"왜 달려야 하냐고?"

"앞에서 달리는데 우리라고 그 자리에 멈춰 있을 순 없잖아. 아마도 저 앞에 맛있는 풀이 있는 게 분명해. 그러니까 일단 달려."

잠시 후, 가장 앞에서 달리던 한 마리가 그 자리에 멈춥니다. 그러면 뒤에 따라오던 무리도 일제히 멈춰 섭니다.

멈춘 그곳. 과연 뭐가 있을까요? 별다를 게 없습니다. 맛있는 풀이 있는 것도 아니고 그렇다고 목을 적셔줄 시원한 물이 있는 것도 아닙니다.

대부분의 스프링 벅은 자신이 왜 달리는지 그 이유조차 모른 채 달립니다. 그저 남들이 달리니까 늘 해왔던 습성이니까 그냥 달릴 뿐입니다. 다음부터는 괜히 힘 빼지 말아야지 다짐하지만 또 누군가가 달리기 시작하면 그 다짐은 금세 사라지고 무리에 휩쓸려 아무 이유 없이 달립니다.

## 익숙한 길 VS 새로운 길

왜 스프링 벅은 무리를 벗어나 새로운 길, 자기만의 길을 가려 하지 않을까요.

이건 스프링 벅만의 문제가 아닙니다. 우리도 그렇지 않나요? 늘 해왔던 방식, 눈에 익고 몸에 밴 습관, 관례에만 얽매이고 있는 고정관념 등 익숙한 것에만 집착하고 낯설고 새로운 것에 대해선 두려워하며 거부하지 않았나요.

물론 새로운 것은 두렵습니다. 그러나 그 두려움 속에는 분명 설렘이 내포되어 있습니다. 설렘이라는 감정을 점점 키워내고 두려움을 몰아내면 어느새 새로운 일을 시작하게 되고 그 일에 익숙해지며 나중에는 손에 익고 내 일처럼 편안함을 느낄 것입니다.

우리는 '불안'이라는 독소를 경계해야 합니다. 두려움은 그 두려운 존재를 회피하거나 이겨내고자 하는 마음이 생겨 행동으로 옮겨지지만 그러나 불안은 오히려 더 깊어지고 마음의 병을 생기게 만듭니다. 불안은 부정적인 결과를 떠올리게 하여 점점 자기 자신을 위축시켜 결국 아무것도 못 하게 만듭니다.

새로운 것과 맞닥뜨렸을 때 너무 많이 고민하지 말고 단순하게 생각합시다. 인생은 어차피 도전의 연속이고 실패와 성공을 들락거리며 흘러가는 강물과도 같습니다. 받아들이고 시도합시다.


## 바보스러운 사람

어렸을 때의 기억을 떠올려 봅시다.

초등학교에 입학해 처음 보는 친구들, 낯선 교실, 익숙지 않은 화장실, 생소한 규칙들, 모든 것이 다 두렵습니다. 그러나 하루가 지나고 이틀이 지나고 서서히 그 생활에 적응하다 보면 처음 느꼈던 두려움은 온데간데없이 사라집니다. 처음 컴퓨터를 접하는 사람도 얼굴에 근심 걱정이 가득합니다. 괜히 아무 키나 눌렀다가는 컴퓨터가 고장 날까 봐 자판에 손가락을 올려놓는 것조차 두려워합니다. 그러나 시간이 지나고 컴퓨터가 익숙해지면 거침없이 자판을 누르며 여기저기 희한한 사이트를 기웃거리게 됩니다.

처음에는 두려워하지만 막상 접해보면 해볼 만하고 거뜬히 할 수 있습니다. 의외로 인간은 어떤 상황이든 잘 적응하고 또한 새로운 것에 강한 호기심을 갖고 있습니다. 그러니 새로운 것에 대해 지나치게 경계하거나 겁먹지 말고 언젠가 찾아올 것이 지금 왔을 뿐이라고 생각하며 받아들이고 도전합시다.

'과연 내가 해낼 수 있을까?'

이런 마음을 갖고 있다면 이런 말을 해주고 싶습니다.

"단순해져라. 그리고 움직여라!"

# 12 자신의 생각을 믿는 것이 자존감이다

"내일이 면접인데…."

한 여성이 세계적으로 유명한 패션회사에 도전장을 냈습니다. 다행히 필기시험엔 합격했지만 면접이 문제였습니다. 이 회사는 시험에 붙었다 해도 사장님의 면접이 워낙 까다로워서 입사하기가 하늘의 별 따기만큼이나 어렵기 때문이었습니다.

그녀는 학교를 졸업하고 처음 치르는 면접이어서 많이 긴장되었습니다. 반면 다른 경쟁자들은 이미 수차례의 면접 경험이 있는 터라 비교가 되지 않을 수 없었습니다. 그러나 시간은 흘러서 어느덧 입사 면접날 아침이 되었습니다. 거울 앞에 선 그녀는 고민에 빠졌습니다.

'어떤 옷을 입을까? 남들과는 다르게 보여야겠지?'

그녀는 큰맘을 먹고 빨간색 원피스를 입었습니다. 너무 화려해 보였지만 일단 면접관의 시선을 끌기에는 충분하다는 생각이 들었습니다.

'그래, 이 옷을 입자. 그리고 100원을 이용해 보는 거야!'

그녀가 회사 복도에 들어서자 이미 많은 사람들이 와 있었습니다. 평범하고 깔끔한 옷차림을 한 사람들 속에서 그녀의 빨간색 원피스는 확실히 눈에 잘 띄었습니다.

"75번 지원자, 들어오세요."

드디어 그녀의 차례가 돌아왔습니다.

"어서 오세요. 그쪽에 앉으십시오."

"예."

"옷 색상이 참 강렬하네요."

"그렇습니다. 다른 지원자들과는 차별화하고 싶었거든요. 입사하게 되면 더욱 열심히 일하겠습니다. 빨간색 옷을 꼭 기억해 주십시오."

사장은 미소를 지었고 그녀가 제출한 자기소개서를 훑어본 다음, 이렇게 말했습니다.

"오늘은 돌아가도 좋습니다. 곧 연락드릴 테니 기다리세요."

그녀는 자리에서 일어나 깍듯이 인사를 하고는 주머니에서 100원짜리 동전을 꺼내 사장님께 내밀었습니다.

"뭔가요? 왜 나한테 100원짜리를 주는 거죠?"

그러나 그녀는 자신감 넘치는 목소리로 말했습니다.

"다른 회사에서 면접을 볼 때에도 이런 경우가 많았습니다. 연락을 드릴 테니 기다리라고! 그러나 단 한 번도 연락을 해준 회사는 없었습니다. 그러니 설령, 제가 불합격을 했더라도 알려주십시오. 반드시 이 동전으로 전화를 해주세요. 제가 이 회사에서 왜 떨어졌는지 그 이유를 알아야 앞으로 보완할 게 아니겠습니까?"

그녀는 다시 한번 정중하게 인사를 했습니다. 혹시나 버릇없는 행동으로 비친 것은 아닐까 마음 한편이 무거웠지만 후회하진 않았습니다. 그때 문을 열고 밖으로 나가려는 그녀를 사장이 불러세웠습니다.

"아가씨, 이 100원 가져가세요. 왠지 100원을 사용할 필요가 없을 것 같군요. 내가 전화할 일이 없다는 뜻입니다. 지금 당장 당신을 채용할 거니까요. 우리 회사는 성실하고 반듯한 사람도 필요하지만 때론 당신처럼 과감하고 실험정신이 뛰어난 인재도 있어야만 한답니다. 그러니 내일부터 출근해 주세요."

그녀는 활짝 웃으며 인사를 하고 나왔습니다.

◆

"인생을 한마디로 정의 내린다면 이렇게 될 것이다. 인생은 바로 창조다!"

《개미》를 쓴 소설가 베르나르 베르베르가 한 말입니다. 창조란 불가능하다고 여기는 것을 가능한 것으로 바꾸는 것이고, 좌절과 절망의 늪에 희망의 꽃씨를 뿌리는 일입니다. 이러한 창조의 힘은 어떤 특정한 사람에게만 주어지는 것이 아니라 우리 모두에게 해당되는 것입니다.

1903년 미국 노스캐롤라이나의 킬 데블 언덕에서 위대한 창조의 순간이 있었습니다. 라이트 형제의 〈플라이어 1호〉가 중력의 사슬을 끊고 하늘 높이 날아올랐습니다. 당시만 해도 그들의 이런 위대한 업적을 지지해 주는 사람은 거의 없었지요. 라이트 형제가 비행 성공을 알리는 전보를 신문사에 띄웠으나 편집자는 이렇게 말하며 구겨 던졌다고 합니다.

"어떻게 인간이 하늘을 날 수 있어? 설령 그런 묘기를 보인다 해도 생활에는 아무 도움이 되지 않아."

또 다른 신문사도 이와 비슷한 생각이었습니다.

"실현 가능성은 없지만 만약 하늘을 나는 인간의 꿈이 실현되려면 족히 천 년은 기다려야 할 것이다."

그러나 라이트 형제는 불가능하다고 생각한 일을 해낸 것입니다. 한계를 뛰어넘는 창조적인 생각이 있었기 때문입니다. 상상력을 머릿속에만 가둬두지 않고 끊임없는 실험으로 결국 꿈을 이룬 것이죠. 코카콜라, 디즈니, 인텔 등 세계적인 기업을 대상으로 창조력 컨설턴트로 일하는《생각의 혁명》의 저자 로저 본 외흐 박사는 다음과 같은 말을 했습니다.

"끊임없이 변화하고 발전하는 이때, 기존의 것을 극복하고 새로운 것을 찾아내는 일은 반드시 필요합니다. 일반적으로 창조적인 사고는 특별한 일을 하는 사람만 필요한 것이라고 생각하기 쉽습니다. 하지만 창조력이 정말 필요한 곳은 가정이나 학교와 같은 기본적인 공간일지도 모릅니다. 빠르게 변화하는 시대에 발맞추어 가기 위해서는 모든 사람들에게 창조적인 사고의 기술이 반드시 필요합니다."

지금 우리에게도 창조적인 사고가 절실합니다. 그런데 창조적인 사고는 어떻게 만들어지는 걸까요? 사실 타고난 천재성보다는 주변에 대한 관심이 제일 중요합니다. 차를 타고 빠르게 스쳐 지나가는 게 아니라 거북처럼 천천히 주위를 보며 왜 저런 현상이 일어나는지 곰곰이 따지는 애정 어린 관심 말입니다.

관심이 생기면 보다 더 알고 싶어지고 그다음엔 자신만의 생각으로 변형하거나 재탄생시켜 보고 싶어지는 것입니다. 바로 이것이 위대한 창조의 시작인 셈이지요.

자, 지금부터 집 앞의 풀 한 포기, 사람들이 타는 자전거 하나에도 관심을 갖고 유심히 살펴보는 습관을 가져보세요. 다소 엉뚱한 생각일지라도 다양하게 표현해 보자고요. 혹시 훗날 여러분도 라이트 형제처럼 이 세상을 깜짝 놀라게 할지 누가 알겠어요?

· · ·

창조란 불가능하다고 여기는 것을 가능한 것으로 바꾸는 것이고,
좌절과 절망의 늪에 희망의 꽃씨를 뿌리는 일입니다.
이러한 창조의 힘은 어떤 특정한 사람에게만 주어지는 것이 아니라
우리 모두에게 해당되는 것입니다.

# 13 생각과
## 욕망은
## 성공의
## 기초이다

도시에서 의좋게 옷가게를 운영하는 형제가 있었습니다. 늘 새로운 옷을 진열해 놓아도 이상하게 손님들의 발걸음이 뜸했습니다. 장사가 잘되지 않자 형제는 깊은 시름에 빠졌습니다.

"형, 더 이상은 힘들어. 차라리 문을 닫자. 밥 먹을 돈조차 없어."

동생의 간절한 애원에도 불구하고 형은 아쉬움이 남았습니다. 그동안 옷가게를 운영하느라 많은 돈을 썼기 때문에 이대로 물러나면 자신감도 잃고 자포자기할 수도 있다는 생각이 들었습니다.

"아우야, 우리 조금만 더 버티자. 그리고 지금까지의 방법은 안 통하는 것 같아. 좋은 아이디어를 찾아보자."

"어떤 생각? 옷가게에 좋은 옷만 가져다 놓으면 됐지, 도대체 손님들을 무슨 수로 끌어온단 말이야!"

동생이 밖으로 나가자 형은 골똘히 생각에 잠겼습니다. 분명히 좋은 방법이 있을 것이라고 굳게 믿었습니다. 고심 중에 묘책이 하나 떠올랐습니다. 마지막 기회라는 생각으로 전력을 다해볼 각오였지요. 형은 부푼 가슴으로 동생을 기다렸습니다.

"아우야, 내 말을 잘 들어봐."

형은 흥분된 어투로 말을 이었습니다.

"우리가 귀머거리 흉내를 내면 옷이 잘 팔릴 거야."

"뭐? 멀쩡한 사람들이 귀머거리 행세를 하자고? 그렇게 못 해! 그 방법이 뭔지는 모르겠지만 난 절대 그렇게 할 수 없어!"

처음엔 단호하게 거절했던 동생도 형의 말을 듣고 나서는 고개를 끄덕였습니다.

"내가 말한 대로 하는 거다. 알았지?"

말이 끝나기가 무섭게 한 손님이 옷가게에 들어왔습니다. 손님은 마음에 드는 옷을 가리키며 동생에게 가격을 물었습니다. 동생은 가게 안쪽에 앉아 있는 형에게 가격을 물었습니다.

"형! 이 옷이 얼마지?"

그러자 형이 큰 소리로 대답했습니다.

"그 옷 10만 원이야."

동생은 얼굴을 찡그리며 다시 형에게 말했습니다.

"뭐라고? 잘 안 들려! 크게 좀 말해봐."

"10만 원이라고."

동생은 그제야 알아들었다는 투로 손님에게 상냥하게 말했습니다.

"손님, 저희 형이 7만 원이라고 하네요."

손님은 잠시 고개를 갸웃거렸지만 재빨리 7만 원을 주고 옷을 가져갔습니다. 그 옷의 실제 가격은 7만 원이었습니다. 고객을 속일 생각은 아니었지만 어쨌든 결과적으로 손님은 기분 좋게 옷을 사갔고 형과 동생은 장사가 잘되어서 행복했습니다. 얼마 후 형제가 운영하는 이 가게는 '귀머거리 옷가게'라는 별칭이 생기면서 손님들이 끊이지 않게 되었다고 합니다.

◆

'포스베리 엉덩방아'라는 용어를 들어본 적이 있나요? 이 말은 높이뛰기라는 운동을 할 때 쓰는 기술 용어랍니다. 따라서 일반인들에게는 다소 생소하게 들리겠지만 높이뛰기를 하는 선수들에겐 좋은 기록을 낼 수 있게 만드는 최고의 기술을 뜻합니다.

포스베리 엉덩방아는 높이뛰기를 할 때 몸을 앞으로 하지 않고 뒤로 넘어가는 자세를 말합니다. 즉 배가 하늘로 향해 있기 때문에 땅에 착지를 할 때 어쩔 수 없이 엉덩방아를 찧게 되는 것이죠.

기억을 잘 더듬어보면 텔레비전을 통해 올림픽 경기나 육상대회를 할 때 한번쯤 보았을 것입니다. 물론 현대에는 흔한 기술이지만 1968년 이전에는 모든 선수가 몸을 앞으로 하고 높이뛰기를 했답니다. 포스베리가 나타나기 전까지는 말이죠.

그런데 1968년 멕시코 올림픽에서 포스베리라는 청년이 처음으로 이 기술을 선보였습니다. 그 모습을 지켜본 선수들뿐만 아니라 관중들은 그의 동작이 매우 우스꽝스럽다고 비웃었습니다. 하지만 그는 1m 98cm라는 최고 기록으로 사람들을 깜짝 놀라게 만들었습니다. 왜냐하면 2m는 새가 아니고서는 인간으로서 뛰어넘을 수 없는 높이라고 생각했기 때문입니다. 결국 그는 멕시코 올림픽에서 높이뛰기 부문 금메달을 차지했습니다.

그렇다면 사람들이 불가능하다고 여기는 것을 어떻게 하면 가능하게 만들 수 있을까요? 그러한 힘은 과연 어디에서 나오는 것일까요? 그것은 기존의 생각과 방식을 뒤집어 보는 일, 즉 고정관념을 깨는 데에서부터 비롯됩니다.

우리가 살아가는 인생에는 수많은 벽이 존재합니다. 어떤 경우에는 앞뒤 모두 벽으로 막혀 있을 때도 있을 것입니다. 그러나 그 벽은 돌로 만들어진 것이 아니라 대부분 마음의 벽이 많지요. 도저히 할 수 없을 것만 같아 보여도 우리의 마음을 바꾸고 생각을 열면 아무리 높은 벽이라도 쉽게 뛰어넘을 수 있습니다. 먼저 생각의 틀에서 벗어나세요. 그리고 아이디어를 찾으세요. 조금씩 답이 보이기 시작할 것입니다.

3M이라는 회사는 독특한 원칙으로 유명합니다. 85%의 근무시간에 자신이 맡은 일을 100% 완수하고, 나머지 15%의 시간을 활용해서 정말 하고 싶은 일을 하라는 것인데요. 이는 여가 시간에 충분한 휴식으로 몸과 마음을 재충전하고 창의적인 생각으로 새로운 제품을 개발하라는 취지를 담고 있습니다.

그 결과, 개발된 제품이 간편하게 붙였다 떼었다 할 수 있는 '포스트잇(Post-It)'이라는 메모지랍니다. 이 작은 발명품이 3M이라는 회사를 세계 최고의 기업으로 만들었다는 사실, 놀랍지 않나요? 이렇듯이 열린 마음과 생각은 개인의 운명뿐만 아니라 회사, 나아가 국가의 미래까지도 바꿀 수 있습니다.

좋은 아이디어는 생활 속의 작은 습관에서 비롯됩니다. 그러기 위해 다음 세 가지를 실천해 보세요.

첫째, 부정적인 생각을 버리자! 할 수 있다는 생각을 하면 아이디어는 샘솟아날 것입니다.

둘째, 스쳐 지나가는 생각이라도 놓치지 말고 메모하자! 아이디어는 머릿속에서 나오는 것이 아니라 기록 속에서 나옵니다.

셋째, 어린아이들과 대화를 많이 나누자! 아이들의 천진난만한 이야기 속에서 기상천외한 아이디어를 얻을 수도 있고, 아이들과 친해지면 닫혀 있던 마음의 문도 열 수 있으니까요.

# 14 실패는
## 성공을 위한
## 귀한
## 밑거름이다

성공! 누구나 이 단어에 가슴 설렙니다.

그 이유는 뭘까요? 성공 안에는 돈, 명예, 지위, 권력 등 누구나가 부러워하는 것들이 담겨 있기 때문입니다.

"나는 성공하고 싶지 않아!"

주위에 이렇게 말하는 사람이 있을까요? 없을 겁니다. 혹여 그렇게 말하는 사람이 있다면 그 사람의 말은 진심이 아닐 확률이 높습니다. 성공이라는 달콤한 욕망을 거부할 수 없는 게 인간의 본성이기 때문이죠.

"성공하고 싶다!"

말처럼 성공이 그리 쉬운 게 아닙니다. 그저 실패하지 않거나 마이너스가 되지 않는 걸로도 감사하는 분들이 많습니다.

"도대체 왜 성공이 나만 피해가는 걸까?"

이건 나만의 생각이 아닙니다. 대부분 이렇게 생각합니다. 그만큼 성공의 확률은 높지 않습니다. 누구나 다 성공을 한다면 그게 무슨 재미인가요. 뜻대로 되지 않는 게 인생이 아닌가요.

우리는 살아가는 동안 실패의 순간을 자주 맞닥뜨리게 됩니다. 그러고 보면 우리는 실패에 꽤 익숙합니다. 걸음마를 처음 배울 때 몇 발자국도 떼지 못하고 수없이 넘어졌습니다. 자전거를 처음 배울 때도 마찬가지입니다. 몇 미터 못 가서 중심을 잃고 쓰러집니다. 넘어져서 무릎이 까지기도 합니다. 그러나 결국은 수차례의 실패 끝에 자전거 타기에 성공합니다.

## 성공을 끌어당기는 에너지

성공한 분들은 넘어질 때마다 무슨 생각을 했을까요? 실패를 절망이나 끝이라 생각하지 않고 성공으로 가는 계단쯤으로 여겼을 것입니다.

미국의 목사이며 집필가인 로버트 슐러는 실패를 성공을 위한 긍정적인 에너지로 규정했습니다. 그리고 실패에 대해 다음과 같이 의미를 부여했습니다.

- 실패는 당신이 실패자임을 의미하는 건 아니다.
- 실패는 당신이 무언가를 새롭게 배웠다는 걸 의미한다.
- 실패는 당신이 열등하거나 모자라는 걸 의미하지 않는다.
- 실패는 당신이 인생을 낭비했음을 의미하지 않는다.
- 실패는 결코 불가능하다는 걸 의미하는 것이 아니다.

그렇습니다. 어떤 일에 실패했다고 해서 '나는 아무것도 못 할 거야!'라고 낙담하거나 절망해서는 안 됩니다. 실패는 아주 값비싼 경험이고 자극제입니다. 실패를 잘 다스리면 성공의 밑거름이 되는 것입니다. 그러니 패배의식에 젖지 말고 실패를 있는 그대로 받아들이고 자유로워지세요. 나중에 마음이 어느 정도 안정이 되면 실패에 대한 원인 분석을 철저히 하세요. 같은 실패를 두 번 반복하지 않기 위해서입니다.

눈만 뜨면 실패를 한 사람이 있습니다. 그는 하는 사업마다 실패했고 정치인으로서도 실패의 연속이었습니다. 주의회의원 선거에서의 낙선을 시작으로 하원의장 선거, 상원의원 선거, 부통령 선거 등에서 낙선했습니다. 그러나 그는 실패를 두려워하지 않았습니다. 실패의 끝엔 성공이 있다는 걸 잘 알았기 때문입니다. 결국 그는 단 한 번의 성공을 이루었습니다. 그가 바로 미국 대통령

링컨입니다.

우리는 실패를 통해 희망을 보고 비전을 보는 사람이 되어야 합니다. 넘어진 사람만이 일어나는 법을 배운다는 말이 있지 않습니까.

《탈무드》에 이런 이야기가 나옵니다.

"인간의 눈은 흰 부분과 검은 부분으로 되어 있습니다. 그런데 검은 부분을 통해서만 사물을 보게 되어 있습니다. 신은 왜 이렇게 만들어 놓았을까요?"

답은 이렇습니다.

"어두운 것을 통해서 밝은 것을 보는 것, 그게 인생이기 때문입니다."


## 실패의 두려움에서 벗어나기

### 1. 지나간 것에 대해선 미련을 버리기

한 남자가 꽤 값이 나가는 도자기를 갖고 가다가 그만 땅에 떨어뜨렸습니다. 주위에 있던 사람들은 깨진 도자기를 보고 안절부절못했습니다. 그런데 정작 도자기 주인은 너무나도 태연한 표정을 지었습니다. 한 아주머니가 도자기 주인에게 물었습니다.

"꽤 비싸 보이는데 아무렇지도 않으세요?"

그러자 도자기 주인은 태연하게 말했습니다.

"이미 깨진 걸 어떻게 합니까?"

그렇습니다. 지나간 건 그냥 흘러가게 내버려두세요. 그것을 붙잡는다고 한들 되돌아오지 않습니다. 아픈 상처, 힘든 기억은 남김없이 휴지통에 버리고 굳이 기억하고자 한다면 아름다운 추억만 간직하세요.


## 2. 자신을 객관적으로 바라보기

성공한 사람들에게 성공 요인이 있듯 실패한 사람에게는 분명 실패할 수밖에 없었던 원인이 있을 것입니다. 그 실패 원인을 냉철하게 분석할 필요가 있습니다. 그래야 지금의 자신의 위치가 어디쯤이고 자신의 문제점이 무엇인지를 객관적으로 볼 수 있습니다. 실패한 자신을 너무 쉽게 용서하거나 스스로에게 너그러워서는 안 됩니다. 두 번 다시는 실패하지 않겠다는 다짐으로 자신을 채찍질하고 지난 실패에 대해 깊은 반성의 시간을 가져야 합니다. 문제가 있으면 반드시 해결책이 있듯 오늘의 실패를 훗날, 성공의 발판으로 삼아야 합니다.

## 3. 소리 내어 크게 웃기

웃는다는 게 생각처럼 쉽지 않습니다. 기분이 조금이라도 언짢거나 아주 작은 스트레스라도 받으면 웃음은 순식간에 사라집니다. 그래서 그런지 몰라도 사람들의 얼굴에서 웃음이 점점 사라집니다. 그렇다고 웃는 날이 오기만을 막연히 기다릴 순 없습니다. 스스로 웃는 날을 만들어야 합니다. 일단 미소를 보이세요. 미소의 끝에 웃음이 있고 웃음의 뒤에는 즐거움이 따라옵니다. 또한 웃음은 건강까지 지켜줍니다.

웃음 치료의 대가로 알려진 윌리엄 프라이 박사는 웃음이 폐를 확장시키고 심장을 따뜻하게 해서 몸의 긴장을 풀어줄 뿐만 아니라 혈액 순환에도 좋다고 했습니다. 웃을 일이 없다고 말들 하지만 찾아보면 우리 주위에 참으로 많습니다. 길섶에 핀 코스모스를 보며 미소 지어보세요. 창가에 드리운 아침 햇살을 보며 미소 지어보세요. 슬플 때 일부러라도 억지로 웃으세요. 웃음은 절망을 희망으로 바꾸는 특효약입니다.

# 15  기적은 마음의 힘이 좌우한다

"우리가 잃은 건 돈이지 희망이 아니잖아. 다시 시작하면 돼."

젊은 부부는 사업이 망하는 바람에 졸지에 거지 신세가 되고 말 았습니다. 남편은 아내에게 위로의 말을 건네며 힘을 북돋워 주었 습니다. 두 사람은 부지런히 일해서 돈을 모은 뒤, 다시 작은 생활 용품 가게를 차릴 수 있었습니다. 그러던 어느 날, 주문했던 물건 의 포장을 뜯으니 '기적을 기대하라!'고 적힌 한 장의 카드가 나왔 습니다.

"여보, 이 카드가 뭘까?"

"나도 모르겠어. 그냥 휴지통에 버리자고."

"휴지통에? 그냥 이 카드를 가지고 있으면 안 될까?"

남편은 카드를 수첩 안에 넣으며 말했습니다.

"우린 지난 1년간 정말 열심히 일했어. 당신은 힘든 내색도 하지 않고 나를 믿고 따라와 주었고, 나 또한 그런 당신을 위해 더 힘을 냈어. 그래서 우리에게 다시 희망이 찾아온 것이고…. 앞으로 더 좋은 일이 기적처럼 일어날지도 모르잖아."

"말만 들어도 기분 좋은데? 그러면 카드를 잘 간직해. 기적을 믿는다고 돈 드는 것도 아니고 나쁠 건 없으니까."

그날 이후, 부부의 얼굴은 더욱더 밝아졌습니다.

"여보, 좋은 아침이야."

"응. 그런데 왜 이렇게 일찍 일어났어?"

"기적을 맞이하려면 좀 더 부지런해져야지? 오늘부터는 가게 문을 열기 전에 미리 청소도 하고 물건도 더 좋은 것으로 진열해 놓아야겠어."

"어쩌면? 나도 오늘부터 더 열심히 일할 생각이었는데…."

부부의 생활은 날이 갈수록 생동감이 넘쳤습니다. 그리고 여느 때보다 더 열성적으로 일해나갔습니다. 이전의 까다로운 손님들에게도 싫은 내색을 하거나 짜증을 내지 않는 등 부부의 마음가짐은 조금씩 달라졌습니다. 손님이 돌아서는 순간까지 친절과 미소를 잃지 않았습니다. 부부는 서로 배려하고 더욱 격려하면서 어느덧 3년을 보냈습니다.

결국 작고 볼품없던 생활용품 가게는 대형 마트로 확장되었지요. 카드에 적힌 대로 부부에게 기적이 일어난 것입니다. 일을 마치고 집으로 돌아가는 길에 남편이 아내에게 넌지시 물었습니다.

"도대체 기적의 카드는 누가 우리에게 보낸 걸까?"

아내가 빙그레 웃으며 말했습니다.

"아마 우리처럼 절망을 이겨내고 희망을 되찾은 사람이 보냈을 거야. 기적은 믿는 만큼 이루어진다는 걸 알려주려고 말이야."

사실, 카드는 실의에 빠질지 모르는 남편에게 작은 소망을 안겨주려고 아내가 직접 만들었던 것입니다. 아내는 이어서 이렇게 제안했습니다.

"우리는 기적을 이루었으니 이 카드를 다른 사람에게 보내는 건 어떨까?"

"그래! 아주 좋은 생각이야."

부부는 이튿날 어김없이 가게 문을 일찍 열었습니다. 그리고 한 물건 상자 속에 '기적을 기대하라!'라고 적힌 그 카드를 조심스럽게 넣었습니다. 얼마 후에 허름한 차림새의 한 손님이 들어왔습니다. 그는 카드가 든 상자를 골랐습니다. 손님의 뒷모습을 본 부부는 서로를 쳐다보며 흐뭇하게 웃었습니다.

◆

기적은 저 멀리 있지 않습니다. 기적은 하늘 높이 떠 있는 구름 너머에 있는 것이 아닙니다. 기적은 바로 우리 옆에 있습니다. 가깝게는 우리 눈앞에 있을지도 모릅니다. 단지 기적이 너무 우리 가까이에 있어서 보지 못하고 느끼지 못했을 뿐입니다.

얼음장 밑으로 흐르는 냇물 소리, 살랑살랑 꼬리 흔들며 하늘로 솟아오르는 봄 아지랑이, 황폐한 대지를 뚫고 다시 피어난 푸른 새싹…, 그리고 우리의 마음 한편에 자리 잡고 있는 작은 희망 속에 기적은 존재합니다. 기적은 우리에게 가장 가까이 있습니다. 의심하지 말고 믿고 따르세요.

기적이 이루어진다고 믿는 순간, 이미 기적은 시작된 것입니다. 하지만 기적은 간절히 원하고 최선을 다해 뛰는 사람들에게만 주어지는 선물입니다. 2002년 한일 월드컵에서 우리가 4강의 기적을 이루어냈던 것처럼 말입니다.

이러한 기적을 이제는 우리의 일상, 내 삶에서 만들어내야 합니다. 사랑, 감사, 행복, 희망, 용기를 품으세요. 그런 아름다운 마음을 가지고 열심히 노력하면 당신의 눈앞에 기적이 펼쳐질 것입니다.

기적은 굳건한 믿음에서 비롯됩니다. 사람을 의심한다거나 일이 잘되지 않는다고 불평을 늘어놓는다면 기적은 오다가도 되돌아갈 것입니다. 그러므로 희망을 갖고 순간순간 최선을 다하면 좋은 기회가 오고, 그러한 기회가 행복과 기쁨을 안겨줄 것입니다.

날씨가 흐려서 햇빛이 나지 않는다 해도 태양이 있다는 것을 믿어야 하고, 사랑하는 사람이 비록 사랑을 잘 표현하지 못하더라도 사랑을 믿어야 합니다. 이것이 바로 기적을 부르는 힘입니다.

가만히 있는 사람에게는 절대로 기적이 일어나지 않습니다. 복권에 당첨되기를 바란다면 최소한 복권을 사서 기다려야 할 것입니다. 그러나 희망과 기적을 그저 앉아서 바라기만 할 것이 아니라 젊은 부부처럼 마음가짐을 새롭게 다잡고 행동으로 부지런히 실천해야 합니다.

행동과 실천의 첫 단추는 긍정적인 생각을 갖는 것에서부터 출발합니다. 이탈리아의 경제학자인 파레토가 처음 주창한 '80 대 20' 법칙에 의하면, 20%의 생각이 80%의 삶을 좌우한다고 합니다. 그만큼 생각이 사람의 모든 일을 좌우한다는 뜻입니다. 그리고 그 20%의 생각 중에서도 긍정적인 생각이 얼마를 차지하느냐에 따라서 각자의 삶의 모습이 달라지겠지요. 부정적인 생각은 기적이 아니라 절망만 가져올 뿐입니다.

누군가는 이 세상에 기적은 없다고 말합니다. 다만 오늘의 노력이 먼 훗날에 당연히 찾아올 행운을 미리 불렀을 뿐이라고 하면서요. 기적을 믿고 안 믿고는 각자의 믿음에 달려 있는 문제지만, 열심히 노력하는 사람에게는 분명히 기적 같은 일이 뒤따른다는 사실을 절대로 잊지 마세요.

◆ ◆ ◆
기적은 저 멀리 있지 않습니다.
기적은 하늘 높이 떠 있는 구름 너머에 있는 것이 아닙니다.
기적은 바로 우리 옆에 있습니다.
가깝게는 우리 눈앞에 있을지도 모릅니다.
단지 기적이 너무 우리 가까이에 있어서
보지 못하고 느끼지 못했을 뿐입니다.

# 16 과거에게 먹이를 줄 이유는 없다

오래된 도자기를 유달리 아끼는 할아버지 한 분이 있었습니다. 할아버지는 일단 마음에 드는 도자기가 있으면 아무리 비싼 값을 치른다 해도 반드시 손에 넣고 맙니다. 여느 날과 다름없이 골동품 가게에 간 할아버지는 매우 마음에 드는 도자기를 발견했습니다.

"바로 이거야! 드디어 멋진 도자기를 찾아냈군!"

할아버지는 주머니에 있는 모든 돈을 털어서 도자기를 구입했습니다. 골동품 가게 주인도 한마디 거들었습니다.

"할아버지, 오늘 정말 운이 좋으신 거예요. 제가 25년간 골동품 가게를 운영했지만 이렇게 귀한 도자기는 처음이었거든요. 소중하게 잘 간직하세요."

가게 주인의 말을 들으니 할아버지는 더욱 기분이 좋아졌고 어깨를 들썩이면서 문밖을 나섰습니다.

'내가 이런 귀한 도자기의 주인이 되다니! 오늘 정말 횡재했어.'

할아버지는 도자기를 조심스럽게 자전거 뒷자리로 옮긴 뒤 끈으로 단단히 묶었습니다. 할아버지의 입가에서는 휘파람이 절로 나왔고 그에 장단이라도 맞추듯 기분 좋게 페달이 돌아갔습니다. 그런데 저만치 앞에 불룩 튀어나온 돌멩이가 눈에 들어왔습니다. 할아버지는 돌멩이를 피하려고 자전거의 방향을 길 가장자리로 바꾸었습니다.

"어… 어?"

할아버지가 탄 자전거는 순식간에 균형을 잃고 심하게 흔들렸습니다. 그러나 다행히 자전거가 넘어지지는 않아서 할아버지는 안도의 한숨을 쉬며 페달을 힘껏 밟았습니다. 다시 한참을 가고 있는데 뒤에서 쨍그랑, 하는 소리가 들렸습니다.

'어? 무슨 소리지?'

자전거가 심하게 흔들리는 바람에 도자기를 묶었던 끈이 느슨해지면서 풀려 그만 도자기가 떨어진 것이었습니다. 당연히 할아버지는 깜짝 놀랐겠지요? 그러나 곧 마음의 평온을 되찾고 아무렇지 않게 자전거를 몰았습니다. 이 모습을 지켜보던 행인이 큰소리로 할아버지를 불렀습니다.

"할아버지, 멈추세요! 자전거 뒤에 있던 도자기가 바닥에 떨어져서 깨졌어요."

할아버지는 자전거에서 내리지 않고 이렇게 외쳤습니다.

"깨졌죠? 산산조각이 났죠?"

"예. 아주 산산조각이 났습니다."

그러자 할아버지는 계속해서 자전거에 탄 채로 말했습니다.

"어쩌겠어요? 이미 깨졌는데…."

행인은 태연한 모습의 할아버지가 의아해 고개를 갸웃거렸지만 곧바로 가던 길을 재촉했습니다.

◆

행복하고 아름다운 추억은 우리에게 즐거움을 줍니다. 하지만 그 추억 속에 후회와 미련만 남아 있다면 과거뿐만 아니라 현재의 마음까지도 갉아먹는 벌레와 같은 것이라고 할 수 있습니다. 그러므로 추억도 선별할 필요가 있습니다.

좋은 추억은 가슴에 오래오래 간직해서 수시로 꺼내 볼 수 있어야 하고 나쁜 추억은 기억에서 일찌감치 지워버려야 합니다. 하지만 안타깝게도 사람들은 버려야 할 것들을 쉽게 버리지 못하는 습성이 있습니다. 왜 그렇게 집착하고 미련을 갖는 것일까요? 그 이유는 너무 단단하게 과거에 얽매여 있기 때문입니다. 그래서 그 일을 자꾸 끄집어내어 슬퍼하고 분노하는 것이지요.

영국의 다이애나 왕세자비가 갑작스러운 교통사고로 운명을 달리했을 때, 사람들은 큰 충격에 휩싸였습니다. 그녀의 아들인 앤드루 왕자도 큰 슬픔에 잠겼습니다. 그런데 시간이 흘러 성인이 된 왕자가 한 언론과의 인터뷰에서 어머니의 과거에 대한 질문을 받았을 때 이런 말을 했다고 합니다.

"과거에 얽매여서 울고 있기에는 인생이 너무 짧다고 생각합니다."

어머니의 죽음으로 가슴 아프지 않을 자식은 없습니다. 하지만 그렇다고 언제까지 그 아픔 때문에 자신의 현재와 미래를 소홀히 할 수도 없는 일이 아닐까요?

가슴 아픈 과거로 인해 지금도 괴로워하고 있는 사람이 있다면 과감히 과거는 과거로 보내세요. 과거는 되돌릴 수 없는 시간입니다. 이미 굳어버린 화석과 같은 것이지요. 그런 과거를 생각할 겨를이 있으면 장래를 위해 지금 무엇을 해야 할까 고민하세요. 미래에 대한 열망과 비전은 과거의 아픈 기억을 잊게 해줄 것입니다.

사과나무 뿌리가 깊이 썩었다면 당장 좋은 사과가 열렸어도 그 나무는 앞으로 더 이상 제 가치를 다하지 못할 것입니다. 썩은 나무를 뽑아내고 싱싱한 묘목을 다시 심는 게 미래를 위해 훨씬 낫습니다. 썩은 나무에 공을 들인다고 되살아나지는 않을 테니까요.

버려야 할 때는 미련을 떨치고 과감하게 버려야 합니다. 떠나야 할 때에도 뒤돌아보지 말고 앞을 향해 가야 할 것입니다. 이형기 시인의 〈낙화〉라는 시에도 이와 비슷한 구절이 나오지요.

> 가야 할 때가 언제인가를
> 분명히 알고 가는 이의
> 뒷모습은 얼마나 아름다운가

괴롭고 슬펐던 과거는 가능하면 하루빨리 잊어버리는 게 좋습니다. 과거를 바꿀 수는 없지만 그 과거를 통해 반성하며 배우는 일은 반드시 필요합니다. 그러나 그것을 버리는 일이 가장 큰 이득이며 현명한 일이지요. 그렇다고 지난날의 성공이나 행복에 너무 오래 안주해서도 안 됩니다. 과거의 화려함이 어쩌면 앞으로 나가려는 자신의 발목을 붙들고 있는지도 모르니까요.

과거와 미래 사이에 뭐가 있습니까? 그것은 바로 신이 주신 최고의 선물입니다. 과거는 과거일 뿐이고, 가장 중요한 때는 지금 숨 쉬고 있는 현재입니다. 앞으로 다가올 미래에 희망을 가지고 살아가야겠습니다. 현재에 충실하면서 미래를 생각하세요.

# 17 지혜를
가로막을

벽은
세상에 없다

춘추전국시대 말, 제나라에 안영이라는 재상이 있었습니다. 그는 비록 체구는 작았지만 지혜와 재치가 남다른 인물로 유명합니다. 제나라는 그러한 안영을 믿고 초나라 영왕에게 보냈습니다.

안영은 영왕에게 정중하게 인사를 했으나 영왕은 그를 거만하게 맞이했습니다. 영왕은 안영을 골탕 먹일 생각으로 비웃음이 섞인 말을 건넸습니다.

"제나라에는 인물이 별로 없는가 보구려? 왜 이렇게 작은 분이 초나라에 온 거요?"

영왕의 말에 안영은 당황하는 기색 없이 대답했습니다.

"저희 제나라에서는 사신을 보낼 때 상대방 나라에 맞게 사람을 골라서 보내는 관례가 있습니다. 그래서 사신 중에 가장 작은 편에 속하는 제가 이곳에 오게 된 것이지요."

이 말을 들은 초나라의 영왕은 얼굴이 뜨거워졌습니다. 하지만 안영을 우습게 생각했던 영왕은 다시 꼬투리를 잡으려고 기회를 엿보고 있었습니다. 그때 문밖으로 병사들이 죄인을 묶어 지나가는 모습이 보였습니다. 왕은 안영이 보는 앞에서 병사를 불러 세웠습니다.

"여봐라! 그 죄인은 어느 나라 사람이며 무슨 죄를 지었느냐?"

병사는 큰 소리로 대답했습니다.

"제나라 사람이옵니다. 절도죄를 범해서 지금 옥에 가두려고 합니다."

영왕은 안영을 쳐다보며 거만한 말투로 물었습니다.

"제나라 사람은 원래 저렇게 도둑질을 잘하오?"

그러자 안영이 껄껄 웃으며 차분하게 이야기를 하기 시작했습니다.

"남쪽에 있는 귤을 북쪽으로 옮겨 심으면 탱자가 되고 마는 것은 무슨 이유겠습니까? 바로 흙의 문제입니다. 제나라 사람이 제나라에 있을 때는 원래 도둑질이 무엇인지도 몰랐는데, 초나라로 와서 도둑질을 배운 게 아닌가 싶습니다. 그러고 보니 역시 초나라는 살기가 안 좋은 곳 같습니다."

제나라를 무시했던 영왕이 안영을 골탕 먹이려다가 되로 주고 말로 받은 꼴이 되고 말았습니다. 마침내 영왕은 안영의 재치와 지혜 앞에 무릎을 꿇고 그를 위해 잔치를 베풀어주었습니다. 이후로 다시는 제나라를 업신여기지 않았다고 하지요.

지혜는 손쉽게 얻어지는 것이 아닙니다. 마치 이슬비와 같다고 할 수 있습니다. 조금씩, 피하지 말고 오래도록 가슴 깊은 곳으로 스며들 때까지 맞아야만 생겨납니다. 책을 통해 얻은 해박한 지식과 시행착오를 통해 얻은 삶의 경험, 그리고 옳고 그름을 분별할 수 있는 냉철한 판단력이 모여서 지혜가 만들어집니다.

무슨 일을 하든 게을리하지 않고 꾸준하게 하는 사람에게서는 깊고 자연스러운 지혜의 향이 배어나옵니다. 지혜로운 사람은 어쩌면 인생의 희로애락을 두루 경험했다고 할 수 있습니다.

◆

독일 베를린의 막스플랑크연구소에서는 15년간 천 명의 사람을 대상으로 나이와 지혜의 연관성을 연구했다고 합니다. 그 결과, 지혜로운 사람들의 몇 가지 공통점을 밝혀냈는데, 그들 대부분은 고난을 겪고 역경을 극복한 사람들이었습니다.

이를테면, 매우 가난한 환경에서 자랐거나 남보다 일찍 생활 전선에 뛰어들었거나 거칠고 힘든 일을 해본 사람들이 큰 걱정 없이 평범하게 산 사람들보다 더 지혜로웠습니다. 아울러 개방적인 사고방식을 가진 사람들이 훨씬 더 재치 있었습니다. 즉 인생의 문제에 대해 깊이 고민하고 많은 경험을 했던 사람일수록 지혜가 풍부했던 것입니다.

현명하고 지혜로운 사람들의 예는 역사 속에만 있는 것은 아닙니다. 우리 주변을 잘 살펴보면 지혜롭고 재치 있는 사람이 많이 있습니다. 현명한 답변으로 화제를 모았던 한 신입사원의 이야기를 들려드리겠습니다.

회사에서 신입사원을 뽑는다는 소식에 많은 지원자가 몰려들었습니다. 경쟁자가 많은 관계로 예정에 없던 시험을 치르게 되었습니다. 문제는 다음과 같았습니다.

한 청년이 매우 작은 차를 타고 시골길을 운전하고 있었습니다. 날씨가 몹시 좋지 못했습니다. 설상가상 비바람이 거세게 휘몰아치고 있었습니다. 청년이 차를 몰고 가다가 시골 동네 어귀에 이르렀을 때였습니다.

근처의 버스 정류장에는 세 사람이 비를 맞으며 초조한 모습으로 차를 기다리고 있었습니다. 차에는 한 사람을 태울 만한 공간이 있었기 때문에 청년은 곧바로 차를 멈추었습니다. 청년은 차를 세운 다음, 세 사람의 상태를 눈여겨보았습니다.

한 사람은 아파서 신음하고 있는 할머니였고, 또 한 사람은 의사였습니다. 그런데 이 의사는 오래전 청년이 병들었을 때 자신을 살려준 생명의 은인과 같은 사람이었지요. 그리고 마지막 한 사람은 아리따운 아가씨였습니다. 그녀는 청년이 지금껏 찾던 이상형의 여인이었습니다.

청년의 차는 너무 작아서 이 세 사람 중에서 단 한 사람만 태울 수가 있습니다. 자, 만일 당신이라면 이때 어떤 사람을 차에 태우시겠습니까?

수많은 경쟁자를 물리치고 우수한 성적으로 입사한 사원의 답은 그야말로 걸작이었습니다.

"만약 제가 그 청년이라면 먼저 자동차 열쇠를 의사 선생님께 드리겠습니다. 그리고 의사 선생님이 병든 할머니를 차에 태우고 얼른 병원으로 모시고 가서 잘 치료받게 하겠습니다. 그런 뒤에 저는 제가 찾던 이상형의 여인과 함께 버스를 기다리겠습니다."

# 18  얕은
## 속임수에

### 흔들려선
### 안 된다

절친했던 친구가 어느 날 자신이 빌려주었던 달걀을 돌려달라며 한 남자를 찾아왔습니다.

"너에게 빌려주었던 달걀을 받으러 왔어."

"알았어. 자, 여기 있다."

남자는 친구에게 달걀 하나를 내밀었습니다. 그러나 달걀을 빌려주었던 친구는 눈을 부라리며 따졌습니다.

"왜 하나뿐이야? 그보다 훨씬 많았잖아."

"그게 무슨 소리야! 분명 하나였잖아."

"그날 분명 말했잖아. 달걀 하나가 아니라 그동안 그것이 만들어냈을 이익까지 전부 받겠다고."

남자는 말을 더듬으며 친구에게 따지듯 말했습니다.

"그… 그 이익이라는 게 얼마나 되는데?"

그러자 친구는 또박또박 말했습니다.

"잘 들어. 첫해엔 달걀에서 병아리 한 마리가 부화되어 나오지. 그 병아리가 두 번째 해에는 새끼 열여덟 마리를 치게 되고, 세 번째 해에는 병아리 열여덟 마리가 커서 각각 새끼 열여덟 마리를 낳게 되잖아. 매년 이런 식으로 계산하면… 넌 나에게 금 열 돈은 줘야 해."

"뭐? 그건 말도 안 돼!"

남자는 고개를 내저었습니다. 그러나 가만히 친구의 말을 듣고 있으면 그 계산법이 옳은 것도 같았습니다. 결국 두 사람은 문제를 해결하지 못하고 재판관을 찾아가야 했습니다. 두 사람의 입장을 모두 들은 재판관도 그 자리에서 판결을 내릴 수 없었습니다. 친구의 말이 다소 황당하기는 했으나 재판관은 왠지 그의 말에 일리가 있어 보였습니다. 재판관은 판결을 미루고 그들을 집으로 돌려보냈습니다.

"판결은 내일 내릴 것이니 다시 와야겠소."

재판관은 고민에 빠졌습니다. 달걀을 빌려준 친구의 말이 옳은 것 같았습니다. 재판관은 저녁 식사를 하면서 낮에 있었던 일을 아내에게 이야기했습니다. 그러자 그녀가 웃으며 말했습니다.

"지금 그 문제 때문에 고민이에요?"

"그렇소. 달걀 하나의 값을 얼마로 쳐야 할지 고민이라오. 계산

하면 할수록 그 달걀 하나의 값이 엄청나게 커지니 말이오."

그러자 아내는 두 눈을 크게 뜨며 말했습니다.

"달걀 하나 값이 그렇게 비싸요? 잘 생각해 보세요. 그 달걀은 삶은 거예요. 그러니 병아리를 부화할 수 없죠. 삶은 달걀 하나 값은 그저 삶은 달걀 하나에 불과하죠. 삶은 콩을 밭에 심는다고 콩이 자라는 건 아니잖아요."

아내의 말을 들은 재판관은 무릎을 탁 쳤습니다.

"듣고 보니 당신 말이 맞소. 내가 그 친구의 말에 속았소. 그럴듯한 말솜씨로 나를 설득하니 나도 그만 속고 말았소."

다음 날, 재판관 앞에 두 청년이 다시 나타났습니다. 곧이어 재판관은 위엄 있는 목소리로 판결을 내렸습니다.

"네가 빌린 건 삶은 달걀 하나뿐이다. 삶은 달걀은 결코 병아리를 부화할 수 없다. 그러니 달걀 하나 값을 친구에게 주면 된다. 그리고 너에게 당부를 하나 하겠다. 저 친구와 이제 가까이 지내지 마라. 너를 속이고 이익을 챙기려 했으니 친구라 할 수 없다."

남자는 재판관의 현명한 판결에 위기를 넘겼고, 더 이상 그 친구와는 가까이 지내지 않았다고 합니다.

◆

살다 보면 어떤 문제에 대해 정확한 판단을 내리기 어려운 때가 있습니다. 그리고 달콤한 유혹이나 현란한 말솜씨에 속아 올바른 판단을 하지 못하는 경우가 있지요. 또는 성급하게 결정해 버려서 곤란을 겪게 되기도 하죠.

한 대학 졸업식장에서 실제로 있었던 일입니다. 졸업생들이 총장님께 졸업장을 받고 있었는데, 한 졸업생이 축하객의 눈에 띄었지요. 그는 오른손은 주머니에 넣은 채 한 손으로 졸업장을 받고 악수도 하지 않은 채 지나갔습니다.

"참, 세상 많이 변했군. 저렇게 건방진 학생도 있으니…. 총장님이 졸업장을 수여하는데 한 손으로 받다니! 이 학교는 도대체 뭘 가르치는 거야?"

축하객의 말을 듣고 옆에 있던 한 재학생이 이렇게 말했습니다.

"그게 아닙니다. 저분은 사고로 한 팔을 잃었고, 의수를 하고 4년간 학교를 다닌 훌륭한 학생입니다."

이처럼 섣부른 판단은 금물입니다. 그러면 올바른 판단을 내리기 위해서는 무엇이 필요할까요? 물론 오랫동안 쌓아온 전문 지식이나 경험이 있으면 훨씬 좋지요. 그러나 그것을 모두 갖추는 일은 그리 쉽지 않습니다. 하지만 좋은 판단을 내리는 데 참고가 될 만한 몇 가지 기술은 있습니다.

첫째, 사실을 정확히 파악할 것! 잘 모르는 상태에서 직감으로 섣불리 판단하면 빗나가는 경우가 많습니다. 따라서 최대한 상황을 알아본 뒤에 신중하게 결정하세요. 비록 시간이 오래 걸린다 해도 올바른 판단을 한다면 그 시간은 결코 아깝지 않을 것입니다.

둘째, 한발 물러나서 객관적으로 바라볼 것! 너무 가까이 있으면 나무만 보일 뿐 숲 전체를 볼 수 없듯이, 어떤 문제에 깊이 빠지면 객관성을 잃고 감정에 치우치게 됩니다. 이때는 잠시 문제 밖으로 빠져나오세요. 기존의 틀을 벗어나 한발 물러나서 보면 보다 객관적인 눈으로 바라보게 됩니다. 그러면 판단의 실마리도 쉽게 보이겠죠?

셋째, 유연한 사고를 가질 것! 옳고 그름을 판단하는 일은 양자택일해야 하지만 때로는 명확한 흑백이 아니라 중간색이 더 좋은 결과를 낳을 수도 있습니다. 판단의 폭을 넓히고, 다른 사람의 입장과 의견도 수용할 줄 아는 부드러운 태도가 필요합니다.

넷째, 혼자 힘으로 할 수 없으면 머리를 빌릴 것! 문제가 있으면 반드시 답도 있습니다. 그런데 유독 나에게만 그 해답이 보이지 않을 때도 있지요. 그러면 혼자 고민하지 말고 주위를 살펴보세요. 한 사람보다는 두 사람이, 두 사람보다는 세 사람이 더 객관적이며 현명한 판단으로 이끌 수 있으니까요. 특히 중대한 판단을 해야 할 때에는 인생의 경험이 풍부한 부모님이나 선생님께 도움을 구하세요.

# 19 두려움을 버려야 위대한 내가 된다

"여봐라, 지금부터 이 세상에서 가장 용감한 한 사람을 뽑을 것이다. 뽑힌 사람에게는 아주 많은 재물을 줄 것이며, 그를 내 신하로 삼으리라. 가장 용감한 사람을 뽑아야 할 것이다."

"예."

왕의 명령에 신하들은 모두 굽실거렸습니다.

"전하, 어떤 방법으로 가장 용감한 자를 뽑을 생각이십니까?"

왕은 잠시 생각에 잠겼다가 입을 열었습니다.

"궁궐 뒤에 두 개의 산이 있지. 그 산 중턱에는 두 산을 이어주는 줄로 만든 다리가 있다. 그런데 그 다리는 금방이라도 끊어질 듯 위태로운 상황인데, 그 아래는 거센 물살이 흐르고 있지. 그래서 말인데 그 다리를 건너는 사람을 뽑는 게 어떻겠느냐?"

신하들은 한목소리로 말했습니다.

"좋은 생각이십니다. 그렇다면 다리 건너기 시합을 준비하겠습니다."

구름 떼처럼 많은 사람이 다리 앞에 모여들었습니다. 첫 번째로 나온 청년은 근육으로 다져진 다부진 모습이었습니다.

"저 다리를 건널 수 있겠는가?"

왕이 묻자 청년은 큰 소리로 웃으며 말했습니다.

"이 정도는 누워서 떡 먹기입니다. 저는 적군 백 명과 싸워도 이길 수 있습니다."

"자신감이 넘쳐서 좋군. 그럼 어서 다리를 건너도록 해라."

청년은 양손으로 줄을 꽉 붙잡고는 성큼성큼 다리 앞으로 갔습니다. 하지만 청년이 한 걸음씩 내디딜 때마다 다리가 심하게 흔들렸습니다.

'어? 왜 이렇게 많이 흔들리지?'

청년은 순식간에 두려움에 휩싸였고 당황스러웠습니다. 그는 그 순간 발걸음을 멈추고 다리 밑을 쳐다보고 말았습니다. 물 흐르는 소리가 마치 천둥처럼 귀를 때렸습니다. 다리 밑으로 떨어진 자신의 모습이 얼마나 처참할까, 하는 섬뜩한 생각이 들었습니다. 결국 청년은 더 이상 발을 떼지 못한 채 그 자리에 동상처럼 굳고 말았습니다. 급기야 울음까지 터뜨렸지요.

"으악! 제발 저를 살려주세요. 한 발자국도 못 움직이겠어요."

청년은 탈락하고 말았습니다. 2번, 3번, 4번 참가자들 역시 두려움 때문에 다리를 건너지 못했습니다. 그 후 5번, 6번, 7번도 마찬가지였습니다. 200번 참가자 한 명밖에 남지 않자, 사람들은 웅성거리기 시작했습니다. 마지막 참가자는 다름 아닌 장님이었기 때문입니다. 왕은 그가 과연 다리를 건널 수 있을지 의아했습니다.

"보아하니 자네는 앞을 보지도 못하는 듯한데, 다리를 건널 수 있겠는가?"

"예. 맞습니다. 저는 앞을 못 보는 장님입니다. 산이 얼마나 높은지 다리 밑이 얼마나 위험한지 볼 수 없습니다. 또한 귀마저 어두워서 거친 물소리도 잘 들을 수 없지요. 하지만 저는 그렇기 때문에 누구보다 마음 편하게 다리를 건널 수 있다고 생각합니다."

그의 말대로 그는 쉽게 다리를 건넜고, 나라에서 가장 용감한 사람으로 뽑혔습니다. 그는 왕의 약속대로 많은 재물을 받았고 가장 충성스러운 신하가 되었다고 합니다.

◆

두려움은 등에 짊어지고 살아가는 짐과도 같은 것이라고 할 수 있습니다. 어떤 사람은 그 짐의 무게를 천근만근으로 느끼는가 하면, 또 어떤 사람은 괴나리봇짐처럼 가볍게 느끼기도 합니다. 왜 이런 차이가 날까요?

그것은 두려움을 대하는 태도의 문제 때문입니다. 두려움과 마주쳤을 때 뒷걸음질 치거나 무릎을 꿇는다면 점점 무겁고 힘들어질 것이고, 자신감을 가지고 두려움과 맞선다면 아무것도 아닌 듯 가벼워질 것입니다. 자신을 믿고 과감하게 도전하면 두려움은 저멀리 달아납니다.

사람들은 골리앗의 덩치만 보고 두려움에 떨었지만 다윗은 달랐습니다. 두려움을 할 수 있다는 자신감으로 바꾼 다윗은 골리앗을 쉽게 쓰러뜨릴 수 있었습니다.

모든 일은 하고자 하는 마음가짐에 달려 있습니다. 내일이면 어김없이 또 해가 뜨겠지요. 물론 우리도 눈을 뜨고 아침을 맞이할 것입니다. 그러면 우리는 어디를 가든 두 얼굴의 모습을 만나게 될 것입니다. 하나는 두려움, 다른 하나는 자신감의 얼굴을 말입니다. 여러분은 어떤 얼굴을 선택하겠습니까? 그 선택은 각자의 몫입니다.

사실 두려움은 처음부터 아주 큰 것은 아니라고 합니다. 하지만 이렇게 아주 작은 두려움도 자꾸 생각하고 반복하게 되면 눈덩이처럼 커지게 되지요. 따라서 두려움이 커지기 전에 미리 없애고, 그 빈자리를 자신감으로 채워야 하겠습니다. 자신감은 자기 자신을 믿는 마음을 말하는데, 어떠한 위기나 고난도 극복해 나갈 수 있다고 마음먹을 때 생기는 것입니다.

혹시 많은 친구들 앞에서 발표하는 일을 두려워하는 사람이 있나요? 그런 사람들은 다음의 네 가지 실천 방법을 꼭 기억해 두세요.

첫째, 서두르지 말고 천천히 말할 것! 이야기를 빨리 끝내려고 말을 빨리 하면 오히려 더 많은 실수를 하게 되니까요.

둘째, 대화하듯 편안하게 할 것! 많은 사람들 앞에서 발표한다고 생각하지 말고 친한 친구들 앞에서 이야기를 들려준다고 생각하세요.

셋째, 머릿속으로 긍정적인 결과를 그릴 것! 두려움을 떨쳐내는 좋은 방법으로 행복한 결과를 미리 상상하면 자신감을 회복할 수 있습니다.

넷째, 철저하게 준비하고 연습할 것! 준비가 되어 있지 않으면 마음이 두려워질 수밖에 없으므로 미리 충분히 연습하면 좋습니다.

◆　◆　◆

사람들은 골리앗의 덩치만 보고 두려움에 떨었지만
다윗은 달랐습니다. 두려움을 할 수 있다는 자신감으로
바꾼 다윗은 골리앗을 쉽게 쓰러뜨릴 수 있었습니다.
모든 일은 하고자 하는 마음가짐에 달려 있습니다.

PART 3

좋은 사람을
만나면
인생이
풍요롭다

# 20 말을
내뱉기 전
생각을
곱씹어야 한다

툭하면 화를 잘 내는 아이가 있었습니다. 아빠는 아이의 나쁜 습관을 바로잡아 주기 위해 고민 중이었습니다. 마침 옆집에서 못 질하는 소리가 들렸는데, 아빠는 바로 이거다 싶어서 아이가 있는 방으로 향했습니다.

"아들아, 아직도 화가 풀리지 않았니?"

"그래요. 친구 녀석을 더 때려주고 싶어요."

아빠는 아이의 머리를 쓰다듬으며 다정하게 말했습니다.

"화가 나거나 짜증 나는 일이 있다고 괜히 친구들이랑 싸우지 말고 이 망치로 못을 치거라. 알았니?"

아이는 갑작스러운 아빠의 제안이 무엇을 뜻하는지 이해할 수 없었습니다.

"망치와 못을 사용하라뇨? 그게 무슨 말씀이죠?"

아빠는 차근차근 설명해 주었습니다.

"내가 뒤뜰에 큰 나무토막을 준비해 둘 테니 화나거나 짜증 나는 일이 있으면 그곳에 가서 나무토막에 못을 박으렴. 알았지?"

아이는 고개를 끄덕였습니다. 다음 날이 되었습니다.

'쾅! 쾅! 쾅!'

뒤뜰에서 망치질 소리가 났습니다. 아빠는 곧바로 뒤뜰로 갔습니다.

"아들아, 있는 힘껏 박으렴. 그러면 화가 많이 풀릴 거야."

며칠 후, 또 망치질 소리가 들렸습니다. 다음 날도, 그다음 날도. 아빠는 망치질을 하는 아이를 그저 뒤에서 묵묵히 쳐다보고 있었습니다.

어느덧 한 달이라는 시간이 훌쩍 지났을 무렵이 되었습니다. 언제부터인가 망치질 소리가 점차 줄어들고 아무런 소리도 나지 않게 되었습니다. 마침내 기다렸다는 듯이 아빠는 아이의 손을 잡고 뒤뜰로 향했습니다. 아빠는 나무토막에 박혀 있는 못을 가리키며 아이에게 말했습니다.

"그동안 네가 이 나무토막에 박은 못이 열다섯 개가 되었구나. 아빠가 못을 하나씩 빼도록 할게. 잘 보거라."

아빠는 힘을 주어 나무토막에 박힌 못을 뺐습니다. 그러고는 못 자국이 남아 있는 나무토막을 아이에게 보여주었습니다.

"못을 뺀 자리에 이렇게 구멍이 난 게 보이지? 이 구멍 난 나무 토막은 원래 모습으로 되돌아갈 수 없단다. 네가 화가 나서 친구들에게 한 말은 이 못과 비슷한 거야. 네가 친구들에게 상처를 주었던 말은 그 친구의 가슴에는 못 자국처럼 영원히 지워지지 않게 돼. 그러니 앞으로라도 친구들에게 상처를 주는 말을 함부로 내뱉지 않도록 한 번 더 생각해 보고 말하기 바란다. 알았니?"

아이는 나무토막에 생긴 못 자국들을 어루만지면서 고개를 떨구었습니다. 아빠의 작은 노력 덕분에 아이는 더 이상 친구들을 미워하지 않고 화도 내지 않게 되었답니다.

◆

침묵은 금이라고 하죠? 말을 조심스럽게 하고 아끼는 일은 그만큼 귀하다는 뜻입니다. 그렇다고 말을 하지 말라는 건 아니에요. 필요한 말은 하되 다른 사람에게 상처 주는 말은 하지 말라는 것입니다. 모든 싸움의 원인은 말에서부터 시작합니다. 상대방의 자존심을 건드리는 말 한마디가 큰 싸움을 만듭니다. 한번 내뱉은 말은 이미 엎질러진 물과 같아서 주워 담을 수가 없습니다. 화가 나거나 짜증 나는 일이 생기면 말로 내뱉기 전에 침묵으로 대응하는 연습을 하면 좋습니다. 시간이 지나서 가만히 생각해 보면 그리 화내거나 짜증 낼 일도 아니라고 여겨질 것입니다.

사람이 넘어져서 다친 상처는 시간이 지나면 곧 아물고 사라지지만 말로 받았던 상처는 오랜 시간이 흘러도 쉽게 회복되지 않습니다. 세 치밖에 되지 않는 혀는 그것을 어떻게 사용하느냐에 따라서 이처럼 무서운 흉기가 될 수도 있습니다.

헬라 속담에 이런 말이 있습니다.

"혀는 뼈 하나 없고 아주 약하고 작지만 많은 사람을 찌르고 죽인다."

반면 이 혀는 잘 쓰면 사람들에게 꿈과 희망과 사랑을 주는 귀중한 수단이 될 수 있습니다.

"사랑해!"

"힘내!"

"넌 할 수 있어!"

얼마나 아름다운 말입니까? 이 아름다운 말이 여러분의 혀에서 나와 사람들을 행복하게 만들었으면 좋겠습니다.

우리 주변의 성공한 사람들은 대부분 대화의 기술이 탁월했습니다. 그렇다고 목소리가 좋거나 특별히 말을 유창하게 잘한다는 것이 아닙니다. 상대방을 끌어들이는 마력 같은 방법이 있다는 것이죠. 그건 바로 자신의 주장을 펴기 전에 먼저 상대방을 인정해 주고 그 사람에게도 충분히 말할 기회를 주는 것입니다. 그러면 상대방은 자신이 존중받고 있다는 생각을 하게 되고, 말하는 사람의 이야기를 더 잘 들으며 신뢰감을 가지게 됩니다.

그러면 상대방에게 호감을 얻을 수 있는 대화법에 대해 살펴볼까요? 막상 다 아는 이야기일지라도 실천하기가 어렵고 잊어버리기 쉬우므로 메모를 해서 눈에 띄는 곳에 적어놓으면 좋겠습니다.

첫째, 상대방의 말을 먼저 듣고 그 사람의 말이 끝나기 전에 끼어들거나 대답하지 않기! 상대방이 다 말한 뒤에 내가 말을 해도 시간은 많습니다.

둘째, 이야기를 들을 때에는 상대방의 말에 고개를 끄덕이는 등 호응을 할 것! 아울러 상대방이 이야기를 하면 가슴을 펴고 고개를 들어 잘 듣고 있다는 인상을 심어주어야 합니다. 말을 잘 듣는 것은 상대방에 대한 예의입니다.

셋째, 사실을 부풀리거나 줄여서 이야기하지 말고 진실한 말만 할 것! 말은 사람의 신뢰와 진심을 판단하는 기준이 됩니다. 남을 속이거나 거짓된 모습은 나에게 화살이 되어 다시 돌아올 수 있습니다.

넷째, 잘못을 했을 경우에는 곧바로 인정하고 용서를 빌 것! 강력하게 주장하는 것보다 때론 진심으로 용서를 비는 일이 상대방을 감동시키고 나아가 더 큰 힘을 발휘할 수 있기 때문입니다.

## 21  신뢰를
    깨는 자는
    모든 것을
    잃는다

강력한 태풍으로 전 지역에 폭우가 쏟아졌고 한 교도소에도 순식간에 물이 차올랐습니다.

"소장님, 큰일 났습니다. 비가 이렇게 계속 내리면 교도소 전체가 물바다가 되고 말 겁니다. 어떻게 해야 할까요?"

소장은 깊은 고민에 빠졌습니다. 이대로 두었다가는 죄수들이 감옥에서 모두 익사하고 말 듯한 기세였습니다. 그렇다고 아직 죗값을 치르지도 않은 죄수들을 석방해 줄 수도 없어서 더욱 난감했습니다.

"소장님, 빨리 결정해 주십시오. 어떻게 해야 합니까? 벌써 감옥은 물에 잠겼습니다."

굳게 결심한 듯 소장은 입술을 깨물며 말했습니다.

"죄수 45명 전원을 풀어주어라. 우리의 임무는 그들에게 죗값을 치르게 하는 것도 있지만 그들의 생명을 지켜주는 것 또한 임무이기도 하다."

감옥 문을 일제히 열고 난 뒤, 죄수들을 운동장에 집합시켰습니다. 그리고 소장은 죄수들에게 이번 사태에 대해 차분하게 설명했습니다.

"지금 여러분도 알겠지만 태풍으로 인해 폭우가 쏟아지고 있습니다. 특히 이 지역은 다른 곳에 비해 비가 더 많이 내리고 있습니다. 곧 교도소가 물에 잠길지도 모릅니다. 따라서 지금 우리 모두는 이곳을 피해야만 합니다. 우선 집으로 돌아가십시오. 그리고 태풍이 잦아지면 그때 다시 돌아오기 바랍니다."

죄수들은 모두 다시 돌아오라는 말에 어리둥절해했습니다. 그들은 서로의 얼굴을 바라보며 수군거리기 시작했습니다.

"아니, 미쳤어? 이 지긋지긋한 데를 다시 와?"

"감옥을 나가면 자유의 몸이 되는데 되돌아올 사람이 있을까?"

"정말 소장이 우리를 믿고 저러나?"

사실, 교도소 소장도 자신이 말을 해놓고도 죄수들을 믿을 수 없었습니다. 게다가 무거운 죄를 지은 죄인들은 감옥에 오래 있어야 하기 때문에 되돌아올 확률은 적었습니다. 즉 그들이 약속을 지킬 거라는 믿음은 소장뿐만 아니라 죄수들 자신조차도 장담하기 어려운 일이었습니다.

태풍은 열흘 동안 밤낮으로 계속되었습니다. 어찌나 강력한지 태풍으로 백여 명이 죽고 각종 전염병으로 전국이 난리 통이었습니다. 하지만 열하루째, 드디어 지긋지긋한 태풍이 자취를 감추었습니다.

소장과 교도관들은 자신들의 임무를 다하기 위해 교도소로 돌아왔습니다. 쓰러진 나무도 정리하고 진흙으로 뒤범벅이 된 감옥 안도 깨끗하게 청소했습니다. 예전의 교도소 모습으로 만들기까지 꼬박 일주일이 걸렸습니다.

"소장님, 지금까지 죄수가 한 명도 돌아오지 않았습니다. 정말 큰일이 아닙니까?"

"그러게 말일세. 그래도 기다려보세."

다음 날, 이른 아침이 되자 죄수 한 명이 돌아왔습니다.

"죄송합니다. 소장님! 좀 더 일찍 오려고 했는데 저희 집도 태풍 피해가 심해서 복구해 놓고 오느라 늦었습니다."

그리고 점심때가 되자, 죄수들이 하나둘 모습을 보였습니다. 그들 역시 수해 복구로 늦어졌다고 했습니다. 어떤 죄수는 오는 길에 교도소 근처 수해 복구 현장에서 일하다가 왔다고 했습니다. 결국 그날 밤이 되자 45명의 죄수가 모두 교도소로 돌아왔습니다. 이 모습을 본 소장은 조용히 뒤돌아서서 눈물을 훔쳤습니다.

'난 그들을 완전히 믿지 않았는데, 그들은 나를 믿고 약속을 지

켜주었어. 정말 내 자신이 부끄럽군. 그들은 정말로 착한 사람들
이야.'

◆

 약속은 믿음이 있어야만 지킬 수 있습니다. 믿음 없는 약속은
서로에 대한 의심만 키우고 결국 관계는 지속되지 못합니다. 그래
서 약속은 신뢰와 불신을 판가름하는 저울이라고 하지요. 사소한
약속일지라도 지키지 않으면 이미 큰 신뢰를 잃은 것과 같습니다.
 작은 약속을 어길 때마다 자신에 대한 믿음도 조금씩 무너진다
는 사실을 잊지 마세요. 자기 자신을 믿지 못하는데 그 누가 나를
믿어주겠습니까? 작은 약속을 차곡차곡 실천해 나가다 보면 자기
자신에 대한 믿음도 그만큼 높아질 것입니다.
 물론 부득이하게 약속을 지킬 수 없는 상황이 되면 미리 양해를
구해야 하겠지요. 나에게는 사소한 일이 상대방에게는 중요한 일
일 수도 있으니까요. 그러므로 지킬 수 있는 약속만 해야 합니다.
약속을 하는 순간, 약속한 사람에게 빚을 지고 있는 것이기 때문
입니다. 그러므로 지키지도 못할 약속을 하는 것보다 지킬 수 없
는 약속이라면 아예 처음부터 정중하게 거절하는 게 좋습니다.
 유대인들은 특히 아이들과 한 약속은 반드시 지켜야 한다고 말

합니다. 왜냐하면 아이들과 했던 약속을 어기면 그것은 아이에게 거짓말을 가르치는 것과 같기 때문이라고 합니다.

우리는 살아가면서 수많은 약속을 합니다. 친구와, 부모님과, 선생님과, 사랑하는 사람과, 또는 자신이 믿는 신에게도…. 그렇다면 그 많은 약속 중에서 가장 우선되어야 할 것은 무엇일까요? 바로 자기 자신과의 약속입니다.

케네디는 대학 시절, 심한 감기 몸살을 앓으면서도 밤늦게까지 도서관에 남아 공부했습니다. 얼굴색이 변하고 온몸에 식은땀을 흘리면서도 그가 자리를 떠나지 않았던 이유는 단 하나, 바로 자정까지 공부하기로 했던 '자기 자신과의 약속' 때문이었다고 합니다.

부모님과의 약속을 어기면 꾸중을 듣고, 친구와의 약속을 어기면 우정에 금이 가고, 사업 파트너와의 약속을 어기면 일을 그르치게 됩니다. 그러나 도저히 약속을 지키지 못할 때, 용서를 구하고 처음부터 다시 신뢰를 쌓는다면 회복될 수도 있습니다.

하지만 자기와의 약속이 무너지기 시작하면 인생의 많은 부분을 잃고 맙니다. 인생은 자기와의 약속으로 이루어진 거대한 탑과 같기 때문입니다.

◆ ◆ ◆

약속은 믿음이 있어야만 지킬 수 있습니다.
믿음 없는 약속은 서로에 대한 의심만 키우고
결국 관계는 지속되지 못합니다.
사소한 약속일지라도 지키지 않으면
이미 큰 신뢰를 잃은 것과 같습니다.

# 22 먼 길을 가려면

## 함께 어깨를 맞대야 한다

전국 각지를 돌아다니며 빵을 파는 빵장수와 이불을 파는 이불 장수가 있었습니다.

둘은 아주 고집이 세고 자존심이 강했죠. 그래서 어떠한 어려움이나 위험한 상황에 처해도 가능하면 혼자서 스스로 문제를 해결하려 했고 다른 사람의 도움을 청하지 않았습니다.

그런 어느 추운 겨울날, 둘은 산길을 따라가다가 길을 잃고 말았습니다. 밤은 점점 깊어졌고 마을의 빛도 보이지 않았죠. 꼼짝하지 못하고 산속에서 밤을 보내야 했습니다. 더구나 특히 강한 바람과 함께 눈까지 내렸습니다. 이불장수는 급하게 이불을 하나 꺼내어 덮었습니다. 빵장수는 이불장수에게 이불 하나를 청하고 싶었지만 그렇게 말하지 않았습니다.

빵장수는 추위를 견디지 못했고 이불장수 역시 배고픔을 견디지 못했습니다. 그런데도 여전히 둘은 서로에게 도움을 청하지 않았습니다.

밤이 점점 깊어가고, 어느새 아침 해가 떴습니다. 그런데 끔찍한 상황이 벌어지고 말았습니다. 둘 다 더 이상 숨을 쉬지 않았습니다. 빵장수는 추위에 지쳐 사망했고 이불장수는 굶주림으로 사망하고 말았습니다.


## 혼자서는 안 되는 일

사람들은 종종 다른 이에게 도움을 청하는 것을 주저하곤 합니다. 왜 주저하는 걸까요? 그 이유는 자기 자신의 실패나 한계를 인정하는 것을 부끄러운 일로 여기기 때문입니다. 그래서 많은 사람이 도움을 청하기보다는 스스로 문제를 해결하려 애를 씁니다. 그러나 현실에서는 혼자서 모든 것을 처리하기가 어렵거나 불가능할 때가 더 많습니다. 이럴 때는 도움을 청하는 것이 합리적인 선택입니다.

자존심이 아무리 강하더라도 혼자서 문제를 해결할 수 없다면 타인의 도움을 받는 것은 용기 있는 행동입니다. 속내를 털어놓으세요. 혼자서 모든 것을 해결하려 애쓸 때 스트레스와 심리적 압

박이 커질 수 있습니다.

도움이 필요하다면 당당하게 도움을 청하세요. 남에게 의지하는 것은 부끄러운 일이 아닙니다. 오히려 새로운 기회가 될 수 있습니다. 현재의 자신을 점검하고 지난 일들을 돌이켜보며 새로운 변화의 기회를 찾을 수 있습니다. 새로운 조언자나 멘토를 찾을 수 있는 계기도 됩니다. 세상에는 자신보다 지혜로운 사람들, 더 풍부한 경험을 갖고 있는 사람, 능력이 뛰어난 사람이 많습니다.


## 비틀스와 브라이언 엡스타인

1960년대 문화적 혁명을 야기했으며 오늘날까지 전설적인 록 밴드로 알려진 비틀스. 비틀스의 멤버인 존 레논, 폴 매카트니, 조지 해리슨, 링고 스타.

그들 스스로의 힘으로만 성공과 신화를 만들어낸 게 아닙니다. 그들의 스타성을 발견해 주고 그들을 세계적인 스타로 키워준 조력자이며 파트너가 있었기에 가능했습니다. 비틀스는 처음엔 영국 리버풀 클럽가의 떠돌이 밴드에 불과했습니다. 음악에 대한 열정은 있었으나 그다지 비전은 없었습니다.

그러던 어느 날, 한 사람이 비틀스를 만나기 위해 클럽에 찾아왔습니다. 그리고 그는 잠시 비틀스의 공연을 지켜보았습니다. 그런데 그는 비틀스의 공연을 보며 크게 실망했습니다. 그 이유는 비틀스가 전혀 프로다운 모습이 아니었기 때문입니다. 옷차림도 단정하지 못하고 심지어 연주 도중 담배를 피우거나 웃고 떠들며 장난까지 치는 것이었습니다.

"도대체 저런 매너로 공연을 하다니!"

그는 한숨을 내쉬었습니다. 그러나 마음 한편으로는 왠지 모르게 비틀스 멤버들의 묘한 매력에 욕심이 났습니다. 노래나 연주 솜씨가 훌륭했고 각자 구성원들의 개성이 돋보였습니다.

그는 공연을 마친 비틀스 구성원들에게 다가가 말했습니다.

"안녕하세요. 저는 '넴즈'라는 대형 레코드점을 경영하고 있는 브라이언 엡스타인입니다. 당신들은 무명 록 밴드입니다. 그러나 잘 다듬으면 충분히 가능성이 있습니다. 제가 당신들의 매니저가 되고 싶습니다."

그렇게 해서 브라이언 엡스타인은 비틀스의 매니저가 되었습니다. 그 후, 브라이언 엡스타인은 비틀스의 이미지 변신을 꾀했습니다.

"가죽옷은 이제 그만 입어. 이제부터 말끔한 이 양복을 입도록 해. 그리고 너희들은 클럽 따위에서 노래를 부르는 삼류 밴드가 아니야. 이제부터는 생각도 솜씨도 행동도 달라져야 해. 세계 제일의 실력에 어울릴 만큼 노력해야 해. 너희는 세계 최고야!"

브라이언 엡스타인은 비틀스를 새롭게 탄생시키기 위해 부단히 노력했습니다.

멤버를 새롭게 영입했으며, 대형 레코드사에서 음반을 내기 위해 백방으로 뛰어다녔습니다. 브라이언 엡스타인의 노력은 헛되지 않았습니다. 마침내 비틀스가 대형 레코드사와 음반 계약을 맺은 것입니다. 출시된 음반은 불타나게 팔렸고 순식간에 그들은 스타가 되었습니다. 문화적인 혁명이며 세계 젊은이들의 우상이 된 것이죠.

비틀스에게 있어 브라이언 엡스타인은 위대한 조력자이며 등대와도 같은 인물이었습니다. 그가 없었다면 비틀스는 없었을 것입니다. 그가 없었다면 어쩌면 비틀스는 그저 보잘것없는 클럽에서 인생을 마감했을지도 모릅니다.

## 워런 버핏과 찰스 멍거

워런 버핏은 투자회사 '버크셔 해서웨이'를 본격적으로 운영하고자 할 때 자신을 도와줄 사람이 필요했습니다. 혼자의 힘으로도 가능했지만 워런 버핏은 자신의 단점을 잘 알고 있었습니다.

"그래, 나는 경제의 흐름을 그 누구보다도 잘 읽지. 그러나 옳고 그름을 판단하는 능력은 좀 약해. 나보다 더 똑똑하고 현명한 분이 필요해."

워런 버핏은 자신과 함께 회사를 운영할 평생 파트너로 누가 좋을까 고심했습니다. 그리고 그 고심의 끝에 한 명을 떠올렸습니다. 바로 찰스 멍거였습니다.

찰스 멍거도 워런 버핏이 태어난 오마하에서 태어났습니다. 워런 버핏 할아버지의 식료품 가게에서 일한 경험이 있습니다. 그리고 하버드대 로스쿨에 진학하고 그 후 변호사로 일했으며 1965년부터는 투자 업무에 주력하기 시작했습니다.


어느 날, 워런 버핏은 찰스 멍거를 찾아갔습니다.

"투자 회사를 본격적으로 시작하려고 합니다. 그러나 혼자의 힘으로는 부족합니다. 나보다 더 뛰어난 명석한 두뇌가 필요합니다. 그래서 당신을 찾아왔습니다. 제 파트너가 되어주실 수 있을까요?"

찰스 멍거는 미소를 짓고 말했습니다.

"워런 버핏, 당신을 잘 알고 있습니다. 당신은 미래 경제를 꿰뚫어 보는 탁월한 눈을 가진 분입니다. 그런데도 굳이 제가 필요할까요?"

"아닙니다. 미래 경제를 볼 수 있으면 뭐 합니까? 신속한 판단력과 결단력이 부족합니다. 그러니 당신께서 그 점을 보완해 주십시오. 부탁드립니다."

그렇게 해서 둘의 인연이 시작되었습니다. 이후 찰스 멍거는 본격적으로 워런 버핏과 그의 회사를 위해 일하기 시작했습니다. 서로의 단점을 보완한 그 둘은 많은 시행착오 끝에 마침내 '버크셔 해서웨이'를 세계 최고의 투자 회사로 만들어냈습니다.

찰스 멍거는 한 언론과의 인터뷰에서 워런 버핏을 어떻게 생각하느냐는 질문에 이렇게 답했습니다.

"우리 둘의 관계는 오랫동안 결혼을 유지하는 것과 같습니다. 함께 회사를 시작했던 초기에는 마치 신혼부부처럼 많이 다투기도 했지만 이제는 오랜 부부가 되었습니다. 서로의 다름을 인정하고 말이 없어도 그 속내를 다 읽을 수 있습니다. 멋지게 늙어가니 좋습니다."

워런 버핏은 찰스 멍거를 선택했기에 지금의 성공을 누릴 수 있었는지도 모릅니다. 그리고 더더욱 중요한 것은 워런 버핏은 자신이 한계에 도달했을 때 그것을 숨기지 않고 찰스 멍거에게 솔직히 털어놓고 도움을 청했다는 것입니다. 그러하기에 서로 도와 신속히 해결책을 찾을 수 있었고 그게 서로의 유대관계를 더욱 돈독하게 했습니다.

자신의 단점과 능력을 알아봐주는 사람이 있다는 건 참으로 행복한 일이고 인생에 있어서 최고의 기회임에 틀림없습니다.

# 내 마음을 읽어주는 친구가 필요하다

두 농부가 밭일을 마치고 집으로 돌아가는 길이었습니다.

"자네, 정말 수고 많았네."

"무슨 소린가? 수고는 자네가 더 많았지. 여하튼 도와줘서 고맙네."

"친구끼리 서로 돕고 사는 게 당연하지."

두 사람은 즐거운 마음에 콧노래를 흥얼거리며 계속 걸었습니다. 그런데 한 농부가 길에 떨어져 있는 황금 반지 하나를 발견했습니다.

"어? 반짝거리는 저게 뭐야! 황금이잖아?"

농부는 잽싸게 그 황금을 주웠습니다. 그때, 다른 농부가 황금을 보고 말했습니다.

"이제 우리는 부자네. 황금을 주웠으니 말이야."

황금을 먼저 주운 농부는 그 말을 듣고는 갑자기 안색을 바꾸며 이렇게 말했습니다.

"아니? 자네 지금 뭐라고 했나? 우리라고? 내가 주웠으니 당연히 내 황금이지 왜 우리 거란 말인가?"

황금을 주운 농부는 거만한 표정을 지으며 다시 말을 이었습니다.

"자네가 한 말은 틀렸네. 우리가 부자는 아니지. 황금을 주운 사람은 바로 나일세. 그러니 내가 부자가 된 거지, 우리는 아닐세."

이렇게 말한 농부는 황금 반지를 등 뒤로 숨기며 협박이라도 할 기세로 소리를 낮추어 말했습니다.

"이 사실을 아무한테도 말하지 말게. 만약 다른 사람에게 말하면 자네를 가만두지 않을 거야."

농부는 뒤도 돌아보지 않고 발걸음을 재촉했습니다. 혹시라도 주인이 황금을 찾으러 올지도 모르기 때문이었습니다. 그런데 예상대로 잠시 뒤, 누군가가 두 사람을 부르는 소리가 들렸습니다.

"게 섰거라."

두 사람은 뒤를 돌아보고는 깜짝 놀랐습니다. 바로 임금님과 긴 칼을 든 장군들이 있었습니다.

"혹시, 길 위에서 황금 반지를 줍지 않았느냐?"

그러자 농부는 덜덜덜 떨며 등 뒤에 감추었던 황금 반지를 내밀었습니다.

"이… 이거 말씀이십니까?"

그러자 한 장수가 칼을 빼 들며 소리쳤습니다.

"네놈들의 목숨이 몇 개이더냐! 남의 물건을 주웠으면 주인을 찾아주어야 마땅한 일이거늘! 이 황금 반지는 임금님의 것이니라!"

반지를 주웠던 농부는 이제 죽었구나, 생각했습니다. 곁에 있던 농부를 힐끔 바라보며 말했습니다.

"어… 어떡하지? 우리, 이제 곧 죽게 되겠지?"

그 말을 들은 친구는 황금 반지를 주운 농부가 책임을 같이하려는 속셈인 줄 눈치채고는 단호하게 잘라 말했습니다.

"자네 말을 잘못해도 한참 잘못한 것 같군. 조금 전까지만 해도 이 황금 반지는 자네 거라고 말하지 않았나? 다른 사람에게 말하지 말라고 으름장을 놓을 때는 언젠가? 그러니 우리가 아니라 자네 혼자 죽어야 마땅하지 않은가?"

◆

여러분에게도 절친한 친구가 있습니까? 진정한 우정은 어떤 경우에도 변하지 않아야 합니다. 어려운 일이 닥쳤다고 해서 친구를 배신하거나 눈앞의 작은 이익 때문에 멀리한다면 좋은 관계를 유지할 수 없습니다.

세상 사람들이 모두 믿어주지 않는다 해도 끝까지 믿어줄 수 있는 친구, 내 눈물을 닦아주며 대신 울어줄 수 있는 친구, 그런 친구가 단 한 사람만 있다면 그 사람은 마음이 넉넉한 부자일 것입니다.

영국의 한 출판사에서 많은 상금을 내걸고 '친구'라는 말의 정의를 공모한 적이 있습니다. 수천 명의 응모 엽서에는 다양한 의미들이 담겨 있었습니다. "기쁨은 곱해주고 고통은 나눠 갖는 사람" "우리의 침묵을 이해하는 사람" "언제나 정확한 시간을 가리켜주면서 멈추지 않는 시계" "많은 동정을 베풀어 그 동정의 옷을 입고 있는 사람" 등이었습니다.

1등으로 뽑힌 '친구'의 정의는 다음 글이었습니다.

"친구란 온 세상 사람이 다 내 곁을 떠났을 때 나를 찾아오는 그 사람이다."

진정한 친구 한 사람은 수억 원과도 바꿀 수 없는 아주 귀한 보석과도 같은 것입니다. 우리는 친한 친구를 가리켜 흔히 '베스트 프랜드(Best friend)'라고 말하죠. Best friend의 영문 철자를 하나씩 떼어내어 의미를 살펴볼까요?

Believe: 항상 서로를 믿고

Enjoy: 함께 즐거워할 수 있고

Smile: 바라만 봐도 미소 지을 수 있고

Thanks: 서로에게 감사하며

Feel: 말하지 않아도 느낄 수 있고

Respect: 서로 존경하며

Idea: 떨어져 있어도 생각나고

Excuse: 잘못이 있으면 용서해 주고

Need: 서로를 필요로 하고

Develop: 장점을 개발해 주는


그런 사람이 진정한 Best friend입니다.

미국의 시인이자 목사인 랠프 월도 에머슨은 "친구란 이 세상 최고의 걸작품"이라고 말했습니다. 좋은 친구는 그냥 찾아오는 손님이 아닙니다. 좋은 친구를 만나기 위해서는 자신이 좋은 친구가 되어주어야 합니다. 최소한의 노력이 필요한 것이죠.

좋은 친구를 얻기 위해선 먼저 상냥한 말을 건네고, 상대방의 이름을 따뜻하게 불러주며, 친절과 겸손한 태도로 관심을 갖고 장점을 칭찬해 주어야 합니다. 그러면 어느샌가 우리 곁에는 큰 나무처럼 편안하고 넉넉한 친구가 서 있을 것입니다. 험한 세상을 살아나가는 데 친구는 굳이 많을 필요는 없지만 꼭 있어야만 합니다. 그러면 삶이 더욱 풍요로워질 테니까요.

◆ ◆ ◆

진정한 친구 한 사람은 수억 원과도 바꿀 수 없는
아주 귀한 보석과도 같은 것입니다.

# 24 상대의 장점에 눈을 크게 떠야 한다

소아마비로 오른쪽 다리를 절뚝거리는 소년은 늘 친구들에게 놀림을 당하기 일쑤였습니다.

"가까이 오지 마. 징그럽단 말이야."

"우리 엄마가 너랑 놀지 말라고 했어."

소년은 학교 가는 날이 싫었습니다. 그렇다고 학교를 안 다닐 수도 없는 일이라서 소년은 수업이 끝나면 곧장 집으로 달려와 다락방에 올라가 버렸습니다. 괜히 학교에 있다가 친구들의 눈에 띄면 놀림을 당할 게 뻔했기 때문입니다. 그러므로 소년은 다락방 에서 홀로 지내는 시간이 많아졌습니다.

"오늘은 이 책을 읽어야지."

소년은 비록 공부를 잘하지는 못했지만 책 읽는 일이 가장 즐거 웠습니다. 늘 시집과 동화책을 끼고 살던 소년은 중학생이 되자마자, 집 근처 문학회의 문을 두드렸습니다.

"시와 동화에 관심이 많아서 좀 더 알고 싶어요."

"넌 너무 어리구나. 나중에 크면 다시 오너라."

"여기에서 간단한 심부름을 하고 청소도 할 테니까 그냥 나올 수 있게만 해주세요."

나이가 지긋한 분이 웃으며 맞아주었습니다.

"그래, 좋아. 그건 네 맘대로 하렴."

소년은 문학회에서 유명한 작가들이 문학에 대해 서로 이야기를 나누고 시 낭송을 하는 모습을 보았습니다. 소년은 무척 행복했습니다. 어느 날, 한 시인이 소년에게 다가와 책을 한 권 건네며 말했습니다.

"이 시를 한번 읽어보지 않을래?"

"예?"

"시 낭송을 해보라는 거야."

소년은 잔뜩 긴장한 나머지 침을 꿀꺽, 삼켰습니다. 소년은 용기를 내어 마음을 가다듬고 여러 작가들 앞에서 또박또박 시를 낭송하기 시작했습니다. 많은 작가가 소년의 낭송에 귀 기울였습니다. 시 낭송이 다 끝나자 큰 박수가 터져나왔습니다.

맨 앞에 앉아 있던 한 사람이 소년에게 다가왔습니다. 그는 〈올드 랭 사인〉의 작사자로 알려진 로버트 번스로, 스코틀랜드의 김

소월이라고 할 수 있는 국민 시인이었습니다.

"낭송을 참 잘하는구나. 네가 적어놓은 시 노트도 읽어봤는데 제법이더구나. 언젠가 너도 훌륭한 시인이 될 수 있을 거야. 그러니 앞으로 더욱 열심히 시 공부를 해라."

소년은 가슴이 쿵쾅거렸습니다. 만나기도 힘든 유명한 시인에게 직접 칭찬을 듣다니 도저히 믿기지 않았습니다.

'그래, 난 꼭 멋진 시인이 될 거야!'

소년은 굳게 다짐했습니다. 한 시인의 칭찬 한마디가 소년의 가슴속에 꿈과 희망을 만들어준 것입니다. 소년은 더욱 문학에 관심을 갖고 열심히 시를 썼습니다. 훗날, 소년은 왕실에서도 인정한 아주 위대한 시인이 되었습니다. 그가 누구냐고요? 영국의 시인이자 소설가 월터 스콧이랍니다.

◆

한 심리학자가 재미있는 실험을 했습니다. 학교 선생님에게 임의로 학생 다섯 명을 뽑아서 칭찬을 계속해서 하도록 주문했습니다. 선생님은 시도 때도 없이 학생들을 격려하고 칭찬했습니다.

"너희들, 공부하는 자세가 참 많이 좋아졌구나. 이대로라면 성적이 많이 오르겠어. 내가 장담하지!"

놀랍게도 학생들 모두가 실제로 성적이 향상되었습니다. 이런 현상을 심리학 용어로 '피그말리온 효과'라고 합니다. 피그말리온은 그리스 신화에 나오는 키프로스 왕으로부터 유래하지요. 그는 자신의 왕궁에 있는 미녀 조각상을 보고 반해버렸답니다. 하늘의 신이 그 모습을 보고 감동해 조각상에 생명을 불어넣어 주었습니다. 그래서 조각상은 사람이 되었는데 이처럼 계속해서 믿고 칭찬하고 격려해 주면 실제로 현실이 된다는 의미입니다.

텔레비전을 통해 물개나 코끼리 쇼를 본 적이 있을 것입니다. 조련사의 지시에 따라 서너 마리의 물개가 물에서 점프를 하거나 지느러미를 들어 악수하고 춤추는 모습을 떠올려 보세요. 또한 커다란 몸집의 코끼리가 공을 굴리거나 뒷발로만 걷는 묘기도 보았을 것입니다. 사람과 말이 통하지도 않고, 처음부터 재주를 부릴 줄도 몰랐을 텐데 어떻게 멋진 공연과 묘기를 할 수 있을까요? 그건 바로 칭찬의 힘입니다.

조련사는 물개나 코끼리가 지시를 잘 따르면 잘한다고 쓰다듬어 주며 맛있는 먹이도 줍니다. 물개와 코끼리는 그러면 기분이 좋아져 계속 조련사의 지시를 따르게 되는 거죠. 만약 조련사가 때리고 발로 차며 함부로 대했다면 묘기는커녕 훈련도 힘들었을 것입니다.

이와 같이 칭찬의 힘은 위대합니다. 오죽하면 칭찬은 고래도 춤

추게 만든다고 하지 않나요? 사람이든 동물이든 칭찬을 들으면 의욕과 의지가 강해지고 생기가 넘쳐나게 됩니다.

인천 상륙 작전의 영웅, 맥아더 장군도 어려서 말할 수 없는 개구쟁이였다고 합니다. 하루가 멀다 하고 말썽만 피우고 사고를 쳤기 때문에 부모님의 걱정이 대단했습니다. 그러나 그의 할머니만큼은 "너는 장차 군인이 될 기질을 타고났단다"라고 끊임없이 칭찬했다고 합니다. 맥아더는 할머니의 이 말 한마디에 군인이 되기로 마음먹었습니다. 그를 위대한 군인으로 만든 것은 바로 할머니의 칭찬이었습니다.

루스벨트 대통령도 이와 비슷합니다. 그는 소아마비 장애로 늘 그늘진 곳에 쪼그려 앉아 있었던 의기소침한 아이였습니다. 하지만 "너는 할 수 있어!"라고 곁에서 격려해 주는 아버지의 칭찬에 용기를 얻어 마침내 미국의 대통령이 되었습니다.

만약 칭찬이 없었다면 두 사람은 지금처럼 역사에 길이 남을 위대한 인물이 되지 못했을지도 모릅니다. 이처럼 칭찬은 우리의 인생도 바꿀 수 있습니다. 물론 내가 한 칭찬으로 다른 사람의 인생이 바뀔 수도 있고요. 그러므로 이제부터는 주변 사람들의 단점보다는 장점을 찾아 아낌없이 칭찬해 주세요. 매일 아침 눈을 떠서 칭찬할 세 사람을 떠올려보세요. 꿈과 희망을 심어주는 지름길이 될 테니까요.

◆ ◆ ◆

칭찬은 우리의 인생도 바꿀 수 있습니다.
물론 내가 한 칭찬으로 다른 사람의 인생이 바뀔 수도 있고요.
그러므로 이제부터는 주변 사람들의 단점보다는
장점을 찾아 아낌없이 칭찬해 주세요.

# 25 성급한 판단이 모든 것을 잃게 한다

"메리야, 잠깐 나갔다가 올 테니 우리 아기 잘 좀 봐줘. 알았지?"

"멍! 멍!"

시골에 사는 한 남자는 급한 일이 생겨서 자신이 키우는 개, 메리에게 세 살배기 아들을 맡기고 집을 비웠습니다. 잠시 후, 장터에 도착한 남자는 아이의 분유와 반찬거리를 샀습니다.

'아들 녀석이 기다리겠는데? 서둘러야지.'

마음이 조급했지만 남자는 자신의 충직한 개 메리가 곁에 있기 때문에 아들이 무사히 잘 있을 거라고 믿었습니다. 차 소리가 들리자 집 안에 있던 메리가 꼬리를 흔들며 주인을 맞으러 나왔습니다.

"멍! 멍!"

"그래, 메리. 아무 일 없었지?"

그런데 메리의 모습을 살펴보니 등에 피가 묻어 있는 게 아무래도 심상치 않은 일이 있었던 것 같습니다. 남자는 눈이 휘둥그레져서 소리를 질렀습니다.

"메리, 도대체 어떻게 된 거야? 왜 이래?"

순간, 불길한 예감이 들었습니다.

'우리 아들에게 무슨 일이 있는 거 아냐?'

남자는 황급히 안으로 들어갔습니다. 아니나 다를까. 아이의 팔에는 피가 흥건했고, 집 안이 떠나갈 듯 아이가 울고 있었습니다. 남자는 자신의 아들을 껴안고 한참 동안 흐느꼈습니다. 메리가 곁으로 다가오자, 남자는 갑자기 창고에 가서 몽둥이를 가져왔습니다. 남자는 메리가 아이의 팔을 물었다고 생각한 것이었습니다.

"메리, 네 이 녀석! 널 죽이고 말 거야!"

남자는 메리에게 사정없이 몽둥이를 휘둘렀습니다.

"깨갱… 깽. 깽. 깽."

느닷없는 몽둥이세례를 당하게 된 메리는 저항도 해보지 못하고 울부짖다가 더 이상 일어나지 못했습니다. 쓰러진 메리의 다리를 본 남자는 고개를 갸우뚱거리며 주위를 둘러보았습니다. 커다란 짐승의 이빨 자국이 나 있었기 때문입니다. 밖으로 나가 살펴보니 마당의 나무 밑에 늑대의 시체가 있었습니다.

그제야 남자는 눈물을 참지 못하고 소리 내어 울었습니다. 아이를 지키기 위해 늑대와 혈투를 벌인 자신의 충직한 개, 메리를 자기 손으로 때려죽였던 것입니다.

'조금만 더 차분하게 주의를 기울여서 살펴보았더라면 메리가 죽지 않았을 텐데…'

하지만 후회해도 이미 때는 늦어버렸습니다.

◆

귀가 둘이요, 눈이 둘이요, 입이 하나인 것은 많이 보고 듣되 적게 말하라는 신의 뜻입니다. 우리가 살아가는 동안 이 말은 마음 깊이 새겨두어야 하겠습니다. 내 주장도 옳지만 때론 그 주장이 고집이 되어선 안 되겠지요. 상대방의 의견을 무시하거나 처음부터 들어보지도 않고 제멋대로 판단하거나 성급히 결론을 내리면 반드시 후회하기 때문입니다.

특히 다른 사람의 말에 귀 기울이지 않고 내가 내린 판단은 스스로를 마음의 빈곤 상태로 몰아가는 것과 같습니다. 상대방의 말 가운데는 듣기 싫은 말이나 따끔한 충고가 섞여 있을 수 있습니다. 그럴수록 더더욱 귀를 활짝 열어야 합니다.

나에게 충고를 해준다는 것은 그만큼 애정이 있다는 증거가 아닐까요? 그러나 대부분의 사람은 상대방의 말이 채 끝나기도 전에 섣불리 판단해 버립니다. 자기 관점에서 생각하고 판단해서 결정한 뒤, 상대방의 입에 자물쇠를 채우고 맙니다.

자기 관점에서만 생각하면 어떠한 결과를 낳는지 잘 보여주는 이야기가 있습니다.

무슨 이유인지는 모르지만 돼지고기라면 고개를 절레절레 내저을 정도로 아주 싫어하는 관리가 있었습니다. 어느 날, 그의 휘하에 있는 두 하인이 서로 치고받으며 싸우는 일이 벌어졌습니다. 하인들의 싸움을 목격한 관리는 크게 호통을 쳤습니다.

"이놈들, 당장 그만두지 못할까?"

그러나 하인들은 계속해서 주먹을 휘두르며 싸움을 그치지 않았습니다. 관리는 핏대를 세우며 우레 같은 소리로 말했습니다.

"내 말을 거역하고 계속해서 싸우다니! 너희들을 절대로 용서하지 않겠다."

관리는 두 하인을 무릎 꿇게 하고는 삶은 돼지고기를 먹였습니다. 두 하인은 허겁지겁 고기를 맛있게 먹었습니다. 관리는 볼이 터지도록 고기를 먹고 있는 하인들을 쳐다보며 다시 한번 겁을 주듯 이렇게 힘주어 말했습니다.

"이놈들! 다음번에 또 싸우면 그때는 돼지고기를 더 많이 줄 것이니 알아서들 하렷다!"

자기 관점으로만 판단을 하는 사람은 생각이 얕고 견문이 부족하게 되어 있습니다. 그러므로 자기 방식대로 생각하기 마련이죠. 자기가 좋아하면 당연히 상대방도 좋아할 것이라고 믿고, 자기가 싫어하면 상대방도 싫어할 것이라고 여깁니다.

그러나 정말 그럴까요? 사람에게는 저마다 독특한 취향이라는 것이 있고 제각기 생각도 다릅니다. 살다 보면 신속한 판단이 필요한 경우도 있지만, 위급한 상황을 제외하고는 섣불리 판단하는 일은 지혜롭지 못합니다.

더군다나 사람에 대해 판단을 내려야 할 때에는 더욱 그렇습니다. 나 자신에 대해 알아나가는 일도 그리 쉽지 않은데 어찌 남의 생각과 마음까지 쉽게 읽을 수 있겠습니까? 지혜로운 사람은 귀가 길고 혀가 짧다는 사실을 명심하세요. 판단력이 약해지는 순간, 편견은 더 강해지니까요.

# 26    용서하는 마음이 세상을 반짝이게 한다

"당신을 도저히 용서할 수 없어. 감히 도둑질을 하다니!"

한 스승에게서 배운 제자들이 모여 살던 공동체에서 한 남자가 큰 잘못을 저질렀습니다. 해서는 안 될 도둑질을 했던 것입니다. 그의 잘못을 심판하기 위해 징계 위원회가 열렸습니다.

"저 사람을 공동체에서 쫓아내야 합니다. 어떻게 생각하십니까?"

"옳소! 스승님께서 우리에게 늘 말씀하셨지요. 다른 것은 몰라도 절대 도둑질은 하지 말라고요."

징계 위원회에서는 잠정적으로 남자를 공동체에서 쫓아내기로 결정했고, 이후에 스승님을 불러 잘잘못을 다시 따지기로 했습니다. 그리고 제자 중 한 사람이 스승님을 찾아갔습니다.

"스승님, 공동체에서 일어나서는 안 될 일이 생기고 말았습니다. 누군가 도둑질을 했습니다. 스승님께서 직접 오셔서 그에게 엄한 벌을 내려주십시오."

스승은 나지막한 목소리로 말했습니다.

"그를 심판하기 전에 너그러운 마음으로 잘못을 용서해 줄 수는 없는 것인가?"

스승님의 의외의 물음에 제자는 당혹스러웠지만, 징계 위원회에서 남자를 쫓아내기로 결정했기 때문에 어쩔 수 없다는 사실을 차근차근 설명했습니다.

"알았다. 내가 곧 그리로 갈 것이니 먼저 가거라."

스승은 공동체를 향해 떠날 준비를 하면서 어디에선가 갑자기 항아리 하나를 챙기는 것이었습니다. 그러고는 그 항아리에 물을 가득 채운 뒤 머리에 직접 이고 길을 나섰습니다. 제자들이 모여 있는 공동체에 도착했을 때, 스승은 항아리에서 줄줄 새어나온 물로 온몸이 흠뻑 젖었고 행색도 몹시 초라해 보였습니다. 그런 스승의 모습을 본 제자들은 깜짝 놀라지 않을 수 없었습니다.

"스승님, 이게 어찌 된 일입니까?"

그러자 스승은 항아리를 내려놓지 않고 조용히 입을 열었습니다.

"내가 저지른 잘못들이 내 뒤에 떨어지고 있는데 나는 그것들을 보지 못한 채, 오늘 다른 사람의 실수를 심판하러 온 것일세."

스승의 이 말을 듣고 크게 깨우친 제자들은 잘못을 저질렀던 남자를 더 이상 문책하지 않고 그 자리에서 모두 용서하기로 결정했습니다. 사랑을 베푸는 일보다 용서를 하는 일이 더 어렵다고 합니다. 그래도 용서를 해야 합니다. 누구나 실수를 저지르고 잘못할 수 있기 때문이지요. 용서를 받아본 사람만이 용서를 해줄 수 있는 것도 그런 까닭입니다.

◆

세상은 미움과 질투, 시기가 가득합니다. 그래서 사람들은 세상을 메마른 사막에 비유하곤 합니다. 그러나 사막에도 오아시스가 있듯이, 이 세상을 아름답게 가꿔주는 관용과 용서는 어딘가 존재합니다. 관용과 용서하는 마음은 사랑과 이해의 다른 이름입니다.

물론 용서가 쉽진 않습니다. 관용과 용서를 베풀려면 먼저 마음속의 미움과 증오를 없애야 하기 때문입니다. 그러나 관용과 용서는 있어야 합니다. 사랑을 베풀면 결국 그 사랑은 다시 내게로 돌아오기 마련이니까요.

빅토르 위고의 명작 《레 미제라블》에는 두 사람의 주인공이 나옵니다. 한 사람은 착하게 살려고 애쓰지만 늘 쫓겨 다니는 장발장, 또 한 사람은 그러한 장발장을 끈질기게 뒤쫓으며 평생을 괴롭히는 형사 자베르입니다. 프랑스 대혁명이 일어난 뒤, 청년 대원들은 눈엣가시였던 형사 자베르를 잡아와 총살시키려고 했습니다. 그러나 장발장은 그를 풀어주도록 명령합니다. 자베르는 도망치면서 장발장에게 물었습니다.

"당신이야말로 나를 가장 죽이고 싶었을 텐데, 왜 나를 살려주는 건가?"

그러자 장발장은 이렇게 대답합니다.

"세상에는 넓은 것들이 많이 있소. 바다가 땅보다 넓고, 하늘은 그보다 더 넓고, 그러나 그 하늘보다도 더 넓은 것이 있으니 바로 용서라는 관대한 마음이라오."

용서와 자유는 공통점이 있습니다. 둘 다 마음의 행복을 창조해 낸다는 점이지요. 용서는 과거의 족쇄 대신 그 자리에 행복을 깃들게 해주고, 자유는 아무런 속박 없이 웃음을 가져다주는 행복입니다. 따라서 용서하는 사람은 자유로울 것이며 또한 행복할 것입니다.

아직도 마음 한편에 높은 담을 쌓아두고 미워하고 있는 사람이 있습니까? 어떤 사연과 이유가 있는지 몰라도 그 마음이 오래되면 될수록 결국 상대방에게 복수하기 전에 먼저 내 마음이 병들고 맙니다. 상대방을 용서하고 관용으로 감싸줄 때 그것이 진정한 복수요 그것이 진정한 사랑인 것입니다.

그러나 이러한 관용과 용서도 단 한 사람에게만큼은 지나치게 베풀어서는 안 됩니다. 바로 나 자신입니다. 자신이 실수를 했거나 잘못을 저질렀을 때는 스스로 따끔하게 꾸짖고 반성해야 합니다. '뭐, 이 정도쯤이야 괜찮겠지?' 하고 스스로에게 넉넉한 마음을 보인다면 그 실수나 잘못이 자칫 습관이 될 수도 있기 때문입니다.

# 27 모든
## 매듭은
## 언젠가는
## 풀리게 되어 있다

공자가 수많은 제자들 중에 가장 아끼는 제자가 있었는데 바로 안회입니다.

어느 날, 공자가 안회와 함께 여행을 하던 도중 양식이 떨어졌습니다.

"오늘도 채소뿐입니다."

"그래, 어서 먹자."

둘은 일주일째 채소만 먹었습니다. 공자가 깜박 낮잠이 든 사이에 안회가 마을에 들러 쌀을 구해와 밥을 지었습니다.

공자가 잠에서 깨어 눈을 살짝 뜨고 바라보니 안회가 밥솥에 있는 밥을 한 움큼 집어 먹는 것이었습니다.

공자는 두 눈을 부릅뜬 채 안회에게 말했습니다.

"먹을 게 있으면 웃어른부터 줘야 한다고 그렇게 가르쳤건만….

쯔쯧. 어디서 배운 버르장머리냐!"

그러자 안회는 양손을 내저으며 말했습니다.

"그게 아닙니다. 밥 윗부분에 흙이 묻어 있어서 그런 것입니다. 스승님께 더러운 밥을 드릴 수 없었기 때문에 제가 먹은 것입니다."

안회의 말을 들은 공자는 얼굴이 붉어졌습니다. 그리고 허허 웃으며 말했습니다.

"널 의심하다니 미안하구나. 예전에는 나의 눈을 믿었는데 이제는 이 눈도 믿을 수 없구나. 또한 나의 머리도 역시 완전히 믿을 것이 못 되는구나. 안회야, 잘 알아들어라. 이처럼 누군가를 이해한다는 건 참으로 힘든 일이다."

넉넉하고 인자한 마음의 상징인 공자마저도 사람을 이해하는 게 그리 쉬운 일이 아니라고 말했습니다. 다시 말해서 사람과 사람 사이에는 분명 갈등이 존재한다는 것입니다.

◆

살다 보면 인간관계에서 비롯된 힘든 일이 자주 발생합니다. 상처와 배신 그리고 미움과 질투 등등. 인간관계가 항상 좋을 수만은 없습니다. 피하려고 해도 어쩔 수 없이 문제가 발생합니다. 그렇다고 문제 앞에 너무나 좌절하거나 실망하지 마세요. 문제는 해결되라고 있는 거니까요.

어느 모임에 소속이 되건, 집안일이건, 학교생활이건 인간관계 속에서 뜻하지 않은 크고 작은 일이 느닷없이 일어나지만 그럴 때마다 사람을 미워하거나 사람을 벗어나려고 한다면 결국 자기 자신만 손해입니다. 인간으로 태어난 이상, 인간을 벗어나 살 순 없습니다. 어디를 가든 늘 자신과 의견이 다른 사람들과 부딪히기 마련입니다. 또한 자신을 괴롭히는 사람도 존재합니다.

사람 사이에는 갈등이 있다는 사실을 인정하는 게 우선입니다. 그런 후에 그것을 해결하기 위해 적극적으로 나서야 합니다. 평생 안 보고 살 사람이라면 몰라도 그런 사람이 아니라면 먼저 다가 가야 합니다. 또한 피하거나 시간이 지나면 해결될 거라 믿으면 곤란합니다. 한번 어긋난 인간관계는 당사자들 스스로 풀지 않는 이상은 결코 해결되지 않습니다. 그리고 원수는 외나무다리에서 만난다는 말처럼 언젠가는 다시 만나게 될 것입니다.

그러니 서로에 대한 미움이나 오해가 있으면 반드시 풀어야 합 니다. 하지만 혼자서 해결할 수 없다면 가까운 사람에게 도움을 청해야 합니다. 모든 매듭은 풀리게 되어 있습니다.

◆ ◆ ◆

사람 사이에는 갈등이 있다는 사실을
인정하는 게 우선입니다.
그런 후에 그것을 해결하기 위해 적극적으로 나서야 합니다.
평생 안 보고 살 사람이라면 몰라도
그런 사람이 아니라면 먼저 다가가야 합니다.

PART 4

# 행복하게
# 사는 게
# 인생의
# 목표다

# 28 　작은 것에
　　　만족하는

　　　마음이
　　　중요하다


　해변에서 두 낚시꾼이 여유롭게 낚시를 하고 있었습니다. 한 사람은 대머리였고 한 사람은 뚱보였습니다. 두 사람은 서둘러 물속에 낚싯대를 드리웠습니다. 잠시 뒤, 대머리 낚시꾼이 기쁜 얼굴로 소리쳤습니다.

　"이놈, 아주 힘이 세구나. 엄청 크겠는데?"

　대머리 낚시꾼은 힘을 주어 낚싯대를 잡아 올렸습니다. 족히 60센티미터는 될 만한 큰 물고기였습니다.

　"처음부터 출발이 좋구먼."

　대머리 낚시꾼은 능숙한 솜씨로 붙잡힌 고기 입에서 낚싯바늘을 뺐습니다. 그러더니 물고기를 어망에 넣지 않고 그냥 바다에 놓아주었습니다. 곁에서 이 모습을 지켜보던 뚱보 낚시꾼은 고개를 갸우뚱거리며 생각했습니다.

'저 사람이 왜 고기를 놔주지? 더 큰 물고기를 잡으려나?'

대머리 낚시꾼은 다시 휘휘, 낚싯대를 돌려 물속으로 던졌습니다. 출렁이는 파도에 낚싯줄이 흔들렸습니다. 잠시 뒤, 또 대머리 낚시꾼이 소리쳤습니다.

"와, 또 잡혔다! 이번엔 제대로 된 고기였으면 좋겠다."

대머리 낚시꾼은 있는 힘껏 낚싯대를 끌어당겼습니다. 이번에는 조금 전에 잡았던 것보다 크기는 작았지만 그래도 30센티미터는 넘었습니다.

"자넨 정말 낚시 도사구려. 낚싯대를 던지기만 하면 고기가 올라오니 말일세. 나도 자네처럼 고기를 잡을 수 있다면….".

뚱보 낚시꾼은 대머리 낚시꾼이 마냥 부러운 듯 쳐다보며 말했습니다. 대머리 낚시꾼은 이번에도 낚싯바늘을 빼낸 후, 다시 고기를 바다에 놓아주었습니다. 뚱보 낚시꾼은 그 모습을 도저히 이해할 수 없어서 물었습니다.

"도대체 자네 왜 그러나? 힘들게 잡은 고기를 다시 돌려보내다니…. 나로서는 도저히 이해할 수가 없네."

그러나 대머리 낚시꾼은 아무 말도 하지 않고 그저 미소만 지었습니다. 대머리 낚시꾼은 다시 낚싯대를 던졌습니다. 이번에도 역시 대머리 낚시꾼의 낚싯줄에 고기가 걸렸습니다.

"또 잡혔네! 오늘은 정말 최고의 날이야."

대머리 낚시꾼은 휘파람을 불며 고기를 끌어 올렸습니다. 그런데 이번에 잡은 고기는 지금까지 낚았던 고기들 중에서도 가장 작았습니다. 뚱보 낚시꾼은 이번에 잡은 고기 역시 그가 놓아줄 것이라고 생각했습니다. 그런데 뜻밖에도 대머리 낚시꾼은 이 작은 고기를 자신의 어망에 담는 것이었습니다.

"어? 자네 정말 이상한 사람이군. 크고 먹음직스러운 고기는 다 놓아주면서 왜 굳이 그 작은 고기를 가져가려고 하는가?"

그러자 대머리 낚시꾼은 호탕하게 웃으면서 다음과 같이 말했습니다.

"안타깝게도 우리 집엔 큰 접시가 없기 때문이라네. 아무리 큰 고기를 잡으면 뭐 하겠는가? 접시가 작아서 고기를 놓을 수 없는 걸. 그래서 우리 집의 작은 접시에 맞는 작은 고기만 잡는 걸세. 또한 작은 놈이 큰 놈보다는 손질하기도 훨씬 쉽고 맛도 더 훌륭하다네."

◆

늘 쥐를 잡아먹는 뱀이 그것에 만족하지 못하고 자기보다 훨씬 큰 코끼리를 잡아먹기 위해 입을 벌린다고 생각해 보세요. 그 뱀은 입이 찢어져서 죽고 말 것입니다.

이처럼 더 큰 것, 더 높은 것을 갖기 위해 욕심을 부린다면 결국 좋지 않은 결과를 낳습니다. 따라서 자기에게 주어진 생활에 만족할 줄 알아야 합니다. 우리가 흔히 말하는 행복의 조건 중 만족이라는 게 없다면 세상은 어떻게 될까요? 어떤 입장에서도 만족하지 못하는 사람은 다른 입장이 되어서도 결코 행복해지지 못합니다.

《탈무드》에 이런 말이 나옵니다.

"인간은 주먹을 꼭 쥐고 태어나지만 죽을 때는 손바닥을 펴고 죽는다. 태어날 때 주먹을 쥐는 것은 세상의 모든 것을 움켜쥐려고 하기 때문이며, 죽을 때 손바닥을 펴는 것은 결국 빈손으로 떠난다는 것을 보여주는 것이다."

이 세상에 내 것이란 아무것도 없다고 생각해 보세요. 그러면 내가 적게 가졌다고 해서 불행하게 느껴지지도 않을 것입니다. 또 어떤 것을 잃어버렸다 해도 내 것이 아니어서 원래 있던 자리로 되돌아갔다고 여기면 훨씬 마음이 편해질 것입니다.

오래전, 외국의 한 신문에 다음과 같은 황당한 광고가 실린 적이 있었습니다.

> 만일 자신이 가진 것에 참으로 만족하며 사는 사람이 있다면 내가 당장 10만 달러를 드리겠습니다.

신문사에는 이 글을 읽은 사람들이 순식간에 몰려들었습니다. 그들은 하나같이 자신의 삶에 만족하고 있다고 주장했습니다. 그러나 그 많은 사람들 중에서 어느 누구도 돈을 받지 못했다고 합니다. 누구도 그 광고를 낸 사람이 던지는 질문에 정확한 답변을 하지 못했기 때문입니다. 그렇다면 그 질문은 과연 어떤 것이었을까요?

"당신이 지금의 환경에 그렇게 만족하고 살고 있는데, 왜 굳이 10만 달러의 돈이 필요합니까?"

맞습니다. 만족하는 마음이 있으면 괜한 욕심을 내려는 것도 사라질 테니까요. 그래서 법정 스님께서 말씀하신 무소유의 의미가 더욱 절실해집니다.

"무소유란 아무것도 갖지 않는다는 것이 아닙니다. 궁색한 빈털터리가 되는 것이 아닙니다. 무소유란 아무것도 갖지 않는다는 것이 아니라 불필요한 것을 갖지 않는다는 뜻입니다. 무소유의 진정한 의미를 이해할 때 우리는 보다 홀가분한 삶을 이룰 수 있습니다. 우리가 선택한 맑은 가난은 부보다 훨씬 값지고 고귀한 것입니다. 이것은 소극적인 태도가 아니라 지혜로운 삶의 선택입니다. 만족할 줄 모르고 마음이 불안하다면 그것은 우리가 살고 있는 세상과 조화를 이루지 못하기 때문입니다."

◆ ◆ ◆

이 세상에 내 것이란 아무것도 없다고 생각해 보세요.
그러면 내가 적게 가졌다고 해서
불행하게 느껴지지도 않을 것입니다.

# 29   돈의
가치를 알면

삶이
풍요로워진다


어느 마을에 돈 한 푼도 헛되게 쓰지 않는 사람이 살았습니다. 그는 검소한 생활로 재산이 넉넉했습니다. 그러나 이상하게도 마을 사람들은 그에게 손가락질을 했습니다.

"쯧쯧. 쓸 줄도 모르고 모으기만 하다니! 저런 구두쇠 영감은 이 세상에 또 없을 거야."

그는 마을 사람들이 어떤 말을 해도 언짢아하지 않았습니다. 그러던 어느 날, 그가 밤늦도록 책을 읽고 있는데, 한 할머니가 찾아왔습니다. 그러자 그는 켜놓았던 촛불 두 개 중에서 하나를 끄더니 정중하게 일어나서 할머니를 맞이했습니다.

"이렇게 늦은 시간에 무슨 일로 오셨습니까?"

할머니는 잠시 머뭇거리다가 어렵게 입을 열었습니다.

"저…. 가난한 사람들을 위해서 좋은 일을 하려고 하는데, 기부금을 좀 내주십사 하고 찾아왔습니다."

할머니는 마을 사람들의 소문을 듣고는 그가 구두쇠라서 당연히 거절할 줄 알면서도 왔던 것입니다. 할머니가 뒤돌아서려고 하는 순간, 그가 할머니를 불렀습니다.

"할머니, 왜 제 얘기를 안 듣고 가려고 하십니까?"

"예? 무슨 하실 말씀이라도⋯."

"제 재산의 전부를 기부하겠습니다."

할머니는 구두쇠 영감이 선뜻 거액을 기부하겠다는 말에 깜짝 놀랐습니다.

"정말입니까? 저는 조금 전에 촛불 하나를 끄는 모습을 보고 당연히 거절할 줄 알았습니다. 그런데 뜻밖에도 거액을 기부하신다니 도무지 믿기지가 않네요."

그는 웃으며 말했습니다.

"여태껏 저는 마을 사람들에게 많은 욕을 먹고 살았지요. 남에게 베풀 줄도 모르는 구두쇠 영감이라고요. 하지만 저는 때를 기다린 것뿐이었습니다. 책을 읽을 때에는 촛불이 두 개가 필요하지만 사람과 대화를 나눌 때에는 초 하나로도 충분히 밝기 때문에 나머지 촛불을 끈 것입니다. 제가 이렇게 아끼고 살았기 때문에 더 많은 돈을 기부할 수 있는 것 아니겠습니까? 이제 할머니께 기부금을 드렸으니 집안에는 돈이 한 푼도 없게 되었습니다. 그러나 저는 기부를 하기 전보다도 더 부자가 된 느낌이 듭니다. 그런 것 같지 않습니까?"

할머니는 흐뭇하게 웃으며 발길을 돌렸습니다.

◆

진정한 부자란 어느 날 갑자기 돈방석에 앉은 벼락부자가 아니라 열심히 일해서 번 돈으로 여유롭게 생활하면서 나보다 가난한 사람들을 위해 기꺼이 돈을 내놓을 줄 아는 사람입니다.

독일의 철학자 쇼펜하우어가 쓴 《행복론》을 보면 재산에 관한 이야기가 나옵니다. 재산에는 세 가지가 있다고 합니다. 첫 번째는 반드시 필요한 재산인데, 이는 일용할 양식을 말합니다. 두 번째는 여유 재산으로, 남에게 베풀 수 있는 재산이라고 합니다. 주고 싶을 때 주고 쓰고 싶을 때 쓸 수 있는 여유가 있어야 베풀 수도 있을 테니까요. 마지막 세 번째는 불필요한 재산입니다. 우리는 바로 이것 때문에 근심과 걱정이 많아지고 때로는 건강마저 잃게 되고 가정이 파괴되기도 합니다.

우리는 꼭 써야 할 만큼의 돈과 남을 위해 베풀 수 있는 정도의 재산이면 충분히 살 수 있습니다. 세계적인 부자 록펠러는 자기가 번 돈의 약 25%는 항상 기부한 사람으로 알려져 있습니다. 미국에서도 5위 안에 드는 갑부 워런 버핏도 재산의 85%인 370억 달러가량을 기부했고, 마이크로소프트사의 회장 빌 게이츠도 자기 재산의 상당 부분을 기부했습니다. 이들이 부자이면서도 존경받는 이유는 자기가 모은 재산을 가치 있게 쓰기 때문입니다.

돈이 많으면 더 행복하지 않느냐고 생각하는 사람도 있습니다. 그러나 돈과 행복은 반드시 비례하지는 않습니다. 물론 생활이 윤택하고 편안한 것은 사실이지만, 때론 많은 돈 때문에 불안한 나날을 보내야 하는 경우도 있으니까요. 돈의 노예가 되어서는 안 되겠지요? 그렇다고 돈을 소홀히 생각하라는 것은 아닙니다. 지나친 집착으로 자신의 삶에 스스로 족쇄를 채우지는 마세요.

요즘 서점에 가면 온통 부자가 되는 방법을 가르쳐주겠다는 책들로 넘쳐납니다. 수만 가지 방법이 있으나 진리는 간단하듯이, 부자가 되는 법도 의외로 간단합니다.

내일 할 일을 미루지 말고 오늘 하고, 오늘 먹을 것을 아껴서 내일 먹는 것입니다. 다시 말해 열심히 일하고 아껴 쓰라는 뜻이지요. 자기가 땀 흘려서 노력하고, 계획한 만큼의 돈을 벌며, 그 돈을 반드시 써야 할 곳에 쓰는 것이 진정으로 돈의 가치를 아는 사람, 즉 부자라는 것입니다.

땀 한 방울에 깃든 동전 한 닢, 그 정직들이 오래도록 쌓인다면 어러분도 분명 부자가 될 수 있을 것입니다. 훗날 많은 돈을 모으게 되면 남을 위해 가치 있게 쓰기 바랍니다.

# 30  모든
원인과

결과를
내 안에서 찾자

누구나 다 최고가 되기를 꿈꿉니다. 슬픔도 없고 아픔도 없고 우울함도 없고 햇볕 쨍쨍 내리쬐는 그런 유쾌한 날을 원합니다. 하지만 우리의 인생은 행복한 직각만 있는 게 아닙니다. 원치 않는 굴곡이 있기 마련입니다. 성공만 있고 성취만 있고 승리만 있는 게 아니라 실패도 좌절도 절망도 그리고 슬럼프도 있기 마련입니다. 기를 쓰고 애를 써도 일이 잘 안 풀릴 때도 있고 기회가 바로 눈앞에 있는데도 놓치는 경우도 있고 승승장구하던 사람이 하루아침에 나락으로 떨어지는 경우도 있습니다.

실패, 절망, 슬럼프에 맞닥뜨렸을 때 우리는 어떤 마음의 자세가 필요할까요.

힘들겠지만 그 상황을 태연하게 인정하는 것입니다.

"언젠가는 한번 찾아올 일이 이제야 왔구나."

"괜찮아. 난 견딜 수 있어."

"무지개를 보려면 비를 먼저 맞아야 한다고 했어."

"성공으로 가는 사다리일 뿐이야."

실패를 대단하고 특별하고 요란하게 받아들이지 마십시오. 지나가는 비가 한번 세차게 내렸다고 생각하십시오. 기나긴 인생에 있어 아주 잠깐의 혹한이 찾아왔다고 생각하십시오. 겨울이 깊어질수록, 추워질수록 봄은 그만큼 더 가까이 다가온다는 걸 잊어선 안 됩니다.

'구실일득(九失一得) 구패일승(九敗一勝)'이라는 말이 있습니다.

아홉 개를 잃어야 한 개를 얻을 수 있고 아홉 번을 져야 겨우 한 번 이길 수 있다는 뜻이죠. 이처럼 인생에 있어서 성공하기란 그리 쉬운 일이 아닙니다. 실패하고 한계에 부딪히는 게 다반사입니다. 그러니 자신의 실수나 실패를 애써 은폐하려고 하지 마십시오. 그냥 있는 그대로를 보여주고 있는 그대로를 받아들이십시오. 실패를 당당하게 받아들이는 자가 성공도 꿈꿀 수 있는 것입니다.

## 최고의 작품

어느 날, 처칠이 집무실에서 일을 처리하고 있는데 노크 소리가 들렸습니다.

잠시 후, 한 남자가 들어왔습니다.

"무슨 일로 오셨습니까?"

처칠은 정중히 남자에게 물었습니다.

그러자 남자는 잔뜩 인상을 찌푸리더니 이내 말했습니다.

"존경하는 수상님, 너무나 억울해서 이렇게 찾아왔습니다."

"그래요. 말씀해 보세요."

남자는 다소 흥분한 어투로 말했습니다.

"저는 화가입니다. 그런데 며칠 전에 미술 전람회에 작품을 응모했습니다. 주위 사람들은 모두 제 그림이 입상할 거라고 말했습니다. 그런데 너무나도 어이가 없는 결과가 나왔습니다."

"그래, 결과가 어땠습니까?"

"보잘것없고 수준 낮은 그림들은 입상을 했는데 제 그림은 낙선하고 말았습니다. 수상님은 그림에 조예가 깊다고 들었습니다. 도저히 이 결과를 받아들일 수 없습니다. 심사위원들에게 문제가 있는 게 분명합니다. 심사위원들 중에 그림을 전혀 그리지 못하는 사람도 있다고 합니다. 이게 말이 됩니까?"

처칠은 빙그레 미소 지으며 나지막한 목소리로 말했습니다.

"나는 닭이 아니라 달걀을 낳아본 일이 없습니다. 그러나 어떤 달걀이 싱싱한지, 상한 것인지 가려낼 수 있습니다. 심사위원도 마찬가지라고 봅니다. 심사위원이 반드시 그림을 잘 그릴 필요는 없습니다. 그림을 잘 보고 평가하는 능력만 있으면 되는 거죠. 당신의 그림이 당선되지 않았다면 분명 당신의 실력이 부족할 겁니다. 그래도 억울하다면 다른 사람의 실력을 뛰어넘을 수 있는 최고의 작품을 그리세요. 그럼 분명 당신의 작품이 당선될 것입니다."


## 내 안의 원인

어떤 일이 뜻대로 되지 않았거나 자기 힘으로 도저히 감당할 수 없는 상황이 닥쳤을 때 흔히 사람들은 그 결과에 대해 책임을 회피하기 위해 핑곗거리를 찾습니다.

"나는 최선을 다했어. 그런데 주위에서 안 도와줬어."

"시작부터 불공평했어. 자본금만 많았다면 나도 성공할 수 있었어."

"운이 안 따라줬을 뿐이야!"

물론 외부적인 요인으로 실패할 수도 있습니다. 그러나 언제까지 그것에 매달리고 한탄할 순 없습니다. 실패를 실패로 끝내지 않고 성공의 발판으로 삼고자 한다면 외부적인 요인보다 실패의 원인을 내부적인 요인, 즉 자기 자신에게서 찾는 게 훨씬 바람직하고 보다 나은 내일을 기약할 수 있습니다.

핑곗거리를 찾을 시간이 있으면 먼저 자기 자신의 문제점부터 점검하는 게 낫습니다. 객관적으로 자기 자신을 들여다볼 필요가 있습니다. 실패의 원인이 무엇인지 철저하게 분석하는 것이 중요합니다. 그래야 다음번에는 똑같은 실패를 피해갈 수 있고 창조적인 발전의 계기로 활용할 수 있습니다.

수도 없이 많은 실패를 반복했지만 60세 이후에 새로운 도전을 했고 마침내 성공을 이룬 인물을 소개합니다.

1. 커널 샌더스

65세에 사업 실패, 사회보장연금으로 생활 연명, 1008번 거절 끝에 1009번째 계약, 드디어 세계적인 KFC 프랜차이즈 탄생.

2. 앤 우드

영국의 교사, 어린이 프로그램을 다수 제작했으나 빛을 보지 못함. 마침내 62세 때 제작한 '텔레토비'로 부와 꿈을 이룸.

### 3. 프랭크 매코트

학생들에게 작문을 가르치고 잡지사에 몇 번 글을 기고함. 60세 이후 글쓰기를 직업으로 택함. 마침내 1997년, 68세에《안젤라의 재(Angela's Ashes)》로 퓰리처 문학상 수상.

◆ ◆ ◆

핑곗거리를 찾을 시간이 있으면
먼저 자기 자신의 문제점부터 점검하는 게 낫습니다.
객관적으로 자기 자신을 들여다볼 필요가 있습니다.

# 31 조금은 느리게 걷고 생각하고 누리자

시골에서 딸기 농사를 짓고 사는 농부 부자가 있었습니다. 그들은 딸기를 수확해서 도시에 내다 파는 장사도 함께 했습니다.

"아버지, 수레에 딸기를 다 실었어요."

"자, 그럼 출발하자."

농부와 아들은 수레를 이끌고 도시로 향했습니다. 조금이라도 빨리 도시를 보고 싶었던 아들은 채찍으로 황소의 엉덩이를 세차게 때렸습니다.

"음매애~."

"얘야, 그렇게 너무 서두르지 마라. 무리해서는 안 된다. 황소도 나름대로 최선을 다하고 있는 것이니라."

"빨리 가게 되면 더 좋지요. 일찍 도착하면 더 좋은 값에 딸기를 팔 수도 있을 테고, 장사를 마치고 남는 시간엔 도시 구경도 할 수 있잖아요?”

그러나 아들과 달리 농부는 서두르지 않고 침착했습니다. 그런데 갑자기 아버지가 황소를 멈춰 세웠습니다.

“애야, 저 집에 좀 들렀다가 가자꾸나. 오랜만에 친구를 좀 만나봐야겠구나.”

“아버지, 이러면 오늘 안으로는 도시에 도착하지 못해요. 서둘러야 해요. 그냥 다음에 다시 오시죠?”

“그럴 수는 없다. 여기까지 왔는데 그냥 돌아간다면 분명히 친구가 서운해할 거야.”

농부는 아들의 만류에도 불구하고 친구 집으로 들어갔습니다. 그런데 꽤 시간이 지났는데도 아버지는 나올 기미가 보이지 않았습니다. 아들은 기다리는 일이 짜증스러웠습니다.

‘정말 아버지는 왜 저러실까?’

곧이어, 아버지가 친구 집에서 나왔습니다.

“애야, 이제 가자꾸나. 그렇게 너무 서두르지 말거라. 조금 늦어진다고 문제가 되지는 않을 게야.”

한참을 가다 보니 부자의 눈앞에 두 갈래 길이 나타났습니다. 아들은 오른쪽 길을 가리키며 자신 있게 외쳤습니다.

“아버지, 이쪽 길로 가시죠? 여기는 제가 잘 아는데 이쪽 길이 훨씬 빨라요. 이 길로 가면 도시에 금방 도착할 수 있어요.”

그러나 아버지의 생각은 달랐습니다.

"내가 보기에는 오른쪽 길은 아닌 것 같다. 물론 오른쪽 길이 빠르기는 하지만 경치가 별 볼 일 없다. 이왕이면 경치 좋은 왼쪽 길로 가는 게 낫지 않겠느냐? 아름다운 꽃과 나무도 구경하면서 천천히 가자꾸나."

아들은 아버지와 계속해서 의견이 달라 토라져버렸습니다. 다행히도 해가 뉘엿뉘엿 질 무렵에야 부자는 비로소 도시 어귀에 도착할 수 있었습니다. 그런데 생각했던 것과 달리 도시는 난장판이었습니다. 땅은 끔찍하게 갈라져 있고 여기저기에는 쓰러진 사람들이 신음하며 울부짖고 있었습니다.

무슨 일이 있었는지 사람들에게 물었더니, 부자가 도착하기 바로 조금 전에 지진이 나서 수백여 명이 죽고 다쳤다는 것입니다. 아들은 놀란 가슴을 쓸어내리며 아버지를 쳐다보았습니다.

"어휴. 아버지, 덕분에 살았어요. 이제부터 무슨 일이든 서두르지 않도록 할게요."

◆

언제나 빠른 것이 좋은 것은 아닙니다. 차를 타고 가면 목적지에 빨리 도착할 수 있지만 주변의 아름다운 풍경은 모두 놓치고 맙니다. 천천히 걸으면서 느낄 수 있는 소중한 것들은 참 많습니다. 예를 들면, 나비가 꽃잎에 앉아 있는 모습이라든가 나무 둥치 밑에서 눈을 반짝이는 다람쥐, 바람결에 살랑살랑 흔들리는 들풀, 아이들의 장난과 해맑은 미소 등… 이런 아름답고 평화로운 모습을 다 지나치기 쉽습니다.

어떤 일을 할 때 너무 조급해하거나 서두르면 그만큼 실수도 잦아집니다. 한 걸음 한 걸음 주위를 살피며 마음의 여유를 가지세요. 조금 늦는다고 해서 결코 인생이 뒤처지는 것은 아닙니다. 우리에게는 충분한 시간과 많은 기회가 있습니다.

무조건 빨리 달리면 그 속도를 제어하지 못해서 오히려 속도의 노예가 되고 맙니다. 앞으로만 향하고 있는 눈을 돌려 옆도 보고 가끔은 뒤도 바라보면서 느림의 여유를 즐겨보세요. 인생에서 승리하는 법은 속도에서 판가름 나는 것이 아니라 누구보다 지치지 않고 끝까지 갈 수 있느냐에 달려 있습니다.

앞만 보고 달려왔던 우리나라 사람들에게 프랑스의 철학자이자 작가인 피에르 쌍소가 쓴《느리게 산다는 것의 의미》라는 책은 아주 신선하게 다가옵니다. 경쟁에서 살아남으려면 쉴 없이 노력해서 최고가 되어야 한다고 배웠는데, 책에서는 앞만 보고 달리는 사람들에게 느림으로 얻을 수 있는 소중한 가치를 깨닫게 해줍니다. 작가는 '느림이 미덕이며 삶의 질을 높일 수 있는 최고의 에너지'라고 말하고 있습니다.

물론 경우에 따라서는 느림으로 인해 손해를 보는 일도 있겠지요. 하지만 작가는 한 사람을 관찰하거나 하나의 환경을 들여다보고 분석할 때, 보다 객관적인 눈과 세심함이 생겨서 더욱 완벽해질 수 있고 느림의 여유를 통해 스트레스도 자연스럽게 치유할 수 있다고 주장합니다. 여기에서 가장 중요한 사실은 작고 소중한 것들에게 관심을 기울일 수 있다는 것입니다.

조금은 더디게 사는 여유로운 생활, 그런 삶이 우리의 몸과 마음을 얼마나 평화롭게 만드는지 깨달을 수 있기 바랍니다. 그러나 느림과 게으름은 다르다는 사실, 잊지 마세요. 게으름은 후회를 주지만 여유는 마음의 평화를 가져다준답니다.

# 32 마음 안에 행복을 담아내야 한다

"아무래도 인간 세상에서 행복을 없애야겠소. 좋은 아이디어가 있으면 허심탄회하게 말해보시오."

한 마법사가 인간에게서 행복을 없애기로 결정하고, 행복을 어디에 숨겨놓아야 할지 긴급회의를 소집했습니다. 이때 키다리 마법사가 이렇게 말했습니다.

"땅속 깊은 곳에 숨겨놓으면 어떨까요? 인간들은 어리석기 때문에 행복이 땅에 감추어져 있다는 사실을 모를 것입니다."

잠시 생각에 잠겨 있던 마법사는 이내 고개를 내저었습니다.

"좋은 생각이긴 하지만 그건 아닌 것 같소. 인간들이 아무리 어리석다고는 하지만 땅속에 숨기면 분명히 그것을 찾을 수 있을 것이오. 인간들은 땅을 파헤치는 걸 좋아하지 않소?"

그러자 이번에는 뚱보 마법사가 제안했습니다.

"바닷속에 행복을 빠뜨리면 어떨까요? 바다는 넓고 깊기 때문에 쉽게 찾아낼 수 없을 것입니다."

마법사는 고개를 끄덕였으나 잠시 후, 다시 고개를 내저었습니다.

"좋은 생각이긴 하지만 그것도 완벽하게 숨겼다고 볼 수는 없을 것 같소. 밀물로 인해 행복이 해안가로 떠밀려 올 수도 있을 테니까. 그리고 만약 태풍이 불어닥치면 파도에 휩쓸려서 행복이 발견될지도 모르지 않소? 다른 더 좋은 방법이 없소?"

다른 마법사들도 각자의 의견을 말했습니다. 가장 높은 산꼭대기에 숨기자고 말한 마법사도 있었으나 역시 마음에 들지 않았습니다. 그때 가장 키가 작은 난쟁이 마법사가 전혀 뜻밖의 제안을 했습니다.

"제 생각에는 여기가 제일 좋을 것 같습니다. 행복을 인간의 마음속에 숨기는 것입니다."

"뭐? 인간의 마음속에 숨긴다고?"

"그렇습니다. 인간은 행복이 멀리 있는 줄만 알지, 정작 자기 안에 있다는 사실은 모를 겁니다. 그러므로 마음속에 숨겨두는 게 제일 안전하지 않겠습니까? 인간은 결코 행복을 찾을 수 없을 겁니다."

이 말을 들은 마법사들은 모두 탄성을 지르며, 행복을 인간의 마음속에 감추기로 결정했습니다.

◆

벨기에의 극작가 마테를링크가 쓴 동화 《파랑새》를 모르는 사람은 없을 것입니다. 다정한 오누이 틸틸과 미틸이 행복을 찾아준다는 파랑새를 찾아 먼 길을 떠나지요? 그들은 많은 곳을 찾아다니지만 어느 곳에서도 파랑새를 만나지 못합니다. 결국 틸틸과 미틸은 지쳐서 집으로 돌아왔는데, 그렇게 헤매며 찾았던 파랑새는 자기 집 새장 안에 있었습니다.

그렇습니다. 행복은 멀리 있지 않습니다. 손만 뻗으면 잡을 수 있고 한 걸음만 내디디면 닿을 수 있는 곳에 있습니다. 그러나 우리는 어떤가요? 남의 작은 행복을 크게 바라보며 부러워하고, 정작 자기에게 찾아온 큰 행복은 별로 대수롭지 않게 여깁니다. 그리고 늘 멀리에서 행복을 찾으려고 하지요.

독일의 시인 칼 붓세는 〈저 산 너머〉라는 시에서 행복에 대해 이렇게 노래하고 있습니다.

사람들은 말하네,
산 너머 저쪽에는
행복이 있다고들.
나는 그 말만 믿고

찾아 헤매다가

눈물만 머금고 돌아왔네,

사람들은 그래도

산 너머 저쪽에는

행복이 있다고 말하건만.


시인이 노래한 것처럼 행복은 멀리 외부로부터 오는 것이 아닙니다. 바로 내 안에서 시작되어야 합니다. 또한 아무리 큰 행복도 결국 작은 행복들이 모여서 완성된다는 사실도 잊어서는 안 됩니다.

세계적으로 유명한 작곡가 베토벤은 32세에 비극적인 유서 한 장을 썼습니다. 그는 형제인 칼과 요한에게 유서를 전할 생각이었습니다. 유서에는 삶에 대한 회한과 원망이 가득 담겨 있었지요.


나는 지난 6년간 미래에 대한 막연한 희망으로 지냈습니다. 이제 머지않아 삶을 마감하게 될 것입니다. 오, 신이시여! 내게 기쁨의 날을 허락해 주소서.


그는 당시 실연과 청력 감퇴로 깊은 시름에 잠겼습니다. 그러나 그로부터 24년이 지난 후, 베토벤은 빈의 한 극장에 서 있었습니다. 오케스트라 반주에 맞추어 그가 만든 '합창 교향곡'이 울려 퍼지고 있었습니다. 그때 그는 청력을 거의 잃어서 공연이 끝난 뒤 청중들의 박수 소리도 듣지 못했습니다. 그러나 마음속으로부터 크나큰 기쁨이 솟구쳐 올랐습니다. 모든 조건이 24년 전보다 훨씬 비참했지만 그는 행복했습니다. 이처럼 외부의 불행도 내 안의 행복으로 이겨낼 수 있습니다. 그 어떤 고통도 내 안의 벅차오르는 행복감을 이길 수 없습니다.

큰 행복을 작게 느끼는 사람보다는 작은 행복을 큰 기쁨으로 받아들이는 사람이 진정으로 행복한 사람입니다. 행복은 도처에 널려 있습니다. 해변의 반짝이는 모래사장, 일렁이는 파도 위에 내려앉은 노을빛, 동네 놀이터에서 흙장난하는 아이의 눈망울, 반갑게 꼬리 흔드는 강아지, 어두운 밤길을 비추는 달빛…. 그리고 사람들의 넉넉한 미소 속에도 행복은 존재합니다.

우리가 마음의 문만 살짝 열어둔다면 수많은 행복이 찾아들 것입니다. 행복은 해일처럼 순식간에 오는 것이 아니라 아주 작고 사소한 순간들이 모여서 말없이 찾아오는 것입니다. 그러므로 행복을 찾겠다고 네잎클로버를 찾지 마세요. 세잎클로버의 행복이 모여서 행운이 되는 것이니까요.

◆ ◆ ◆

행복은 멀리 있지 않습니다. 손만 뻗으면 잡을 수 있고
한 걸음만 내디디면 닿을 수 있는 곳에 있습니다.

# 33 아무리
## 작은 일에도
### 열정을
### 쏟아야 한다

한 청년이 재판관 앞에 서게 되었습니다.

"당신은 지난 일요일, 기차선로를 침목에 고정시켜 주는 나사 하나를 뽑아낸 죄로 경찰에게 현장에서 체포되었습니다. 자, 여기 이 나사못 말이오! 이것 때문에 당신이 여기에 온 게 맞습니까?"

"예. 맞습니다."

청년은 삐딱하게 서서 고개를 끄덕였습니다.

"좋습니다. 그렇다면 왜 나사못을 뽑은 거죠?"

청년은 머리를 긁적거리며 성의 없이 말했습니다.

"필요 없다면 왜 뽑았겠어요? 다 필요하니까 뽑은 거죠. 낚시추로 쓰려고 했습니다."

재판관은 큰 소리로 말했습니다.

"낚시추요? 거짓말하지 말아요. 겨우 낚시추로 사용하기 위해서 나사못을 뽑았단 말이오? 나사못을 뽑은 진짜 이유를 어서 말하시오. 법정에서 거짓말을 하면 아주 큰 죄가 됩니다."

청년은 눈을 크게 뜨며 외쳤습니다.

"저는 거짓말을 할 줄 모릅니다. 정말로 낚시추로 쓰려고 나사못을 뽑은 겁니다. 재판관님도 아시겠지만 낚시추가 없으면 낚시가 불가능합니다. 낚싯줄에 낚시추를 매달아야만 그것이 물밑으로 가라앉아 물고기를 잡을 수 있으니까요. 물고기는 물 위에 떠 있는 게 아니라 강바닥에 있으니 당연히 낚시추를 매달아야 하죠. 가끔씩 물 위로 떠다니는 물고기도 있지만 그건 아주 드문 일이죠. 그러니 꼭 낚시추를 달아야 합니다."

재판관은 한숨 섞인 투로 말했습니다.

"도대체 물고기 얘기를 하는 까닭이 무엇입니까? 나는 당신 말을 믿을 수가 없소. 다른 이유가 있는 게 아닙니까? 어서 말해보시오."

"다른 이유는 없습니다."

그러자 재판관은 눈을 치켜뜨며 말했습니다.

"혹시, 그곳을 지나가는 열차를 전복시킬 마음으로 나사못을 뽑은 게 아니오?"

청년은 억울하다는 표정으로 대답했습니다.

"왜 그런 끔찍하고 무서운 말씀을 하십니까? 전 그런 끔찍한 일을 할 사람이 아닙니다. 그저 낚시추로 사용하려고⋯."

그러자 재판관은 더욱 큰 소리로 몰아붙였습니다.

"나사못을 뽑아내면 열차가 탈선해서 뒤집힌단 말이오. 당신은 지금 아주 중대한 범죄를 저질렀소."

"그러나 저는 겨우 하나만 뽑았을 뿐입니다."

"하나가 둘이 되고 둘이 셋이 되고⋯ 그러면 결국 기차는 뒤집 어지게 되어 있소. 도저히 당신을 용서할 수가 없소. 도대체 당신 의 정체는 뭐요?"

"정체라니요? 전 그저 낚시추⋯."

결국, 청년은 중벌을 선고받았습니다.

◆

'나 하나쯤이야' 하는 생각을 하는 사람들이 많아지면 사회는 순식간에 무질서해질 것입니다. 공원에 휴지 하나 버린다고 지저 분해질까, 생각하겠지만 공원을 찾는 모든 사람이 그런 생각으로 휴지를 버린다면 어떻게 될까요? 순식간에 쓰레기장이 되고 말 것입니다.

우리의 행동 하나하나는 이처럼 여러 사람의 삶과도 관련되어 있습니다. 내 작은 잘못이 다른 사람들에게 피해를 줄 수도 있고,

불쾌감을 주기도 합니다. 대형 사고도 아주 작은 실수에서부터 시작됩니다. 안일한 태도와 안전 불감증이 큰 사고를 일으키는 것입니다.

영화 〈타이타닉〉은 실화를 바탕으로 만들어졌습니다. 길이만도 300미터가 넘는 타이타닉이 왜 침몰했는지 아십니까? 타이타닉호는 1912년 첫 출항과 동시에 역사의 뒤안길로 사라집니다. 영국에서 미국으로 가는 도중 침몰해서 무려 1500여 명의 목숨을 앗아간 최악의 사고가 발생합니다.

많은 사람이 타이타닉의 침몰이 빙산에 부딪혀서 생긴 큰 구멍 때문이라고 여겼습니다. 그러나 바다 밑 4킬로미터 아래 진흙 속에 묻혀 있는 이 유람선을 탐사한 결과, 배의 파손 부분은 예상외로 작았다고 합니다. 큰 구멍이 뚫린 것이 아니라 작은 틈새가 여섯 개 있었다고 하는군요. 아주 작은 틈새가 거대한 타이타닉호를 침몰시킨 것이었습니다.

작은 실수가 큰 재앙을 불러오기 때문에 항상 주의를 기울여야 합니다. 그렇기 때문에 자기가 맡은 일이 작다고 소홀히 해서는 안 되겠습니다. 그 작은 일이 어쩌면 이 사회와 나라를 지탱하는 원동력인지도 모르니까요.

이제부터는 '나 하나쯤이야'라는 마음을 '나 하나라도'라고 고쳐 보면 어떨까요? 또한 자기에게 주어진 일이 아무리 작고 보잘것

없어도 즐겁게 일하다 보면 기쁨과 보람은 더욱 커질 것입니다.

개미가 흙 하나를 옮기는 것 같아 보이지만 어쩌면 그들에게는 그것이 지구를 옮기고 있는 일인지도 모릅니다.

# 34 자신을 낮추는 자가 더 높이 올라간다

태권도 5단의 체격 건장한 남자가 한 대학의 체육학과 교수로 부임하게 되었습니다. 그는 올림픽에서 여러 차례 메달을 딴 유명한 사람으로 자부심이 대단했습니다. 하루는 그가 주말을 이용해 학교 뒤편의 작은 연못으로 낚시를 하러 갔습니다. 마침 그곳에 체육학과 학생 서너 명이 낚시를 하고 있었습니다. 교수를 알아본 학생들이 인사를 건네왔습니다.

"교수님, 낚시를 좋아하시나 봐요?"

교수는 환하게 웃었지만 속으로 탐탁지 않았습니다.

'저렇게 놀고 있으니 너희들의 태권도 실력이 엉망이지. 주말에 열심히 연습을 해도 될까 말까인데, 여기서 한가롭게 낚시질이나 하고 있다니…'

잠시 뒤, 한 학생이 소리를 지르며 기뻐했습니다.

"와, 드디어 한 마리 잡았다."

교수는 시큰둥한 표정으로 학생을 바라보았습니다. 그리고 잠시 뒤, 또 다른 학생도 물고기를 낚아 올렸습니다. 교수는 왠지 마음이 조급해지기 시작했습니다. 평소 무슨 일에서든 승부욕이 강했기 때문에 교수는 자존심이 상했습니다. 그러나 생각대로 물고기는 잡히지 않았습니다.

그런데 잠시 뒤, 한 학생이 낚싯대를 내려놓더니 자리에서 일어나 허리를 곧게 펴고 물 위를 걷기 시작했습니다. 그러더니 연못 건너편에 있는 화장실로 들어가는 것이었습니다. 교수는 자신의 눈을 의심했습니다.

'이럴 수가! 물 위를 걷다니….'

그러고는 두 학생이 연못 반대편 화장실에서 나와 다시 물 위를 걷기 시작했습니다. 연못을 건너온 학생들은 아무 일도 없었다는 듯 다시 낚싯대를 잡았습니다.

'정말 놀라운 일이군. 얼마나 훈련을 열심히 했으면 저런 능력을 발휘할 수 있을까?'

교수는 은근히 마음이 상했습니다. 자기가 훨씬 태권도도 잘하고 게다가 교수인데, 학생들이 더 뛰어난 능력을 갖고 있었기 때문입니다. 교수는 학생들에게 어떻게 물 위를 걸을 수 있는지 물어보고 싶었지만 자존심 때문에 그렇게 하지 못했습니다. 그때 교수가 갑자기 자리에서 일어나 물속으로 발을 내밀었습니다.

'첨벙~.'

이 모습을 지켜보던 학생들이 연못으로 뛰어들어 가까스로 교수를 끌어냈습니다.

"교수님, 왜 갑자기 연못으로 뛰어든 겁니까?"

교수는 가쁜 숨을 몰아쉬며 대답했습니다.

"자네들이 물 위를 걷는 것을 보고 나도 할 수 있을 것 같아서 그런 거라네."

그러자 학생들이 웃음을 터뜨리며 말했습니다.

"아! 그러셨군요. 원래 이 연못에는 나무 말뚝이 박혀 있어요. 그래서 징검다리로 이용하죠. 그런데 며칠 전에 비가 와서 연못의 수면과 말뚝이 수평을 이루게 되었죠. 우리는 나무 말뚝이 어디에 있는지 잘 알고 있기 때문에 그것을 밟고서 물 위를 건너간 거예요. 저희에게 물어보셨으면 알려드렸을 텐데 왜 묻지 않으셨어요?"

그제야 교수는 피식 웃으며 머리를 긁적였습니다.

◆

지식과 경험이 풍부한 사람을 만나면 완벽하게 여겨지지만 누구도 신처럼 완벽하진 못합니다. 그렇기 때문에 지식이나 경험이 많다고 해서 자기보다 부족한 사람을 무시하거나 스스로 만족에 빠지는 어리석은 일이 없도록 해야 합니다. 자만심을 갖는다는 것은 스스로 발전할 수 있는 기회를 차단하는 것과 같습니다. 그래서 축구 황제라고 일컫는 펠레는 운동을 하는 후배들에게 이런 충고를 했습니다.

"지금부터는 〈바우루 데일리〉의 스포츠 섹션을 읽지 마십시오. 거기엔 당신들에 관한 기사도 실리고 사진도 실려 있습니다. 신문에서 당신들에 관한 기사나 사진을 보면 스스로 과대포장하기 쉽습니다. 내 말을 잘 들으세요! 선수가 자만에 빠지면 자신의 장점만 보게 되고, 단점은 절대 보지 못하는 법입니다. 그것은 절대 인생에 도움이 되지 않을 뿐만 아니라 축구 선수로서도 치명적이기 때문입니다."

자신의 능력을 믿는 자신감과 겸손함을 잃게 되는 자만심은 분명히 구별할 줄 알아야만 합니다. 자신감은 꿈과 행동을 추진하도록 엔진을 달아주지만, 자만심은 일을 멈추거나 퇴보시키도록 만듭니다. 또한 자신감 속에는 노력과 희망이 숨 쉬고 있지만, 자만심에는 겸손과 예의가 없습니다. 이 둘의 차이는 작고 미묘하지만 그 차이가 이끄는 인생은 엄청나게 달라질 것입니다.

유명한 극작가 버나드 쇼가 한번은 자신이 맛있는 커피를 만드는 비결을 알고 있다고 사람들에게 자랑했습니다. 그러자 소문을 듣고 어느 시골 목사가 편지를 보내왔습니다. 버나드 쇼는 즉시 비결을 담은 답장을 보냈습니다. 그리고 답장의 끝에 다음과 같은 말을 덧붙였습니다.

"당신의 요청이 진심이기를. 혹시 제 사인을 하나 얻으려는 잔꾀가 아니길 바랍니다."

답장을 받은 목사는 버나드 쇼가 덧붙인 말을 보고서 그를 그냥 두면 안 되겠다고 생각하고 다시 편지를 보냈습니다. 편지에는 이렇게 적혀 있었다고 합니다.

"커피 만드는 비법을 가르쳐주셔서 정말 감사합니다. 저는 진심으로 편지를 보낸 것이었습니다. 저의 진심을 보여드리기 위해 당신이 그렇게 귀하게 여기는, 하지만 저에게는 아무 쓸모 없는 당신의 사인을 그대로 반환해 드립니다."

버나드 쇼는 목사가 보내온 자신의 사인을 보며 자만했던 자신을 깊이 반성했다고 합니다. 자신이 잘났다고 으스대면 결코 가치가 높아지지 않습니다. 오히려 자신을 낮춰야만 그 가치는 올라가지요. 우리는 스스로 존재하는 것이 아닙니다. 서로의 부족한 점을 채우면서 존재하는 것입니다.

# 35 더 넓고
더 깊이

## 사랑하면
행복해진다

스물여섯 살의 아름다운 여대생과 서른일곱 살의 노총각이 만나 사랑에 빠졌습니다. 그러나 이들 앞에는 넘어야 할 장벽이 너무 높아 보였습니다. 여대생의 엄마가 두 사람의 교제를 반대했던 것입니다.

"둘이 어울린다고 생각하니? 너는 대학도 나왔고 나이도 젊은데 뭐가 아쉬워서 열한 살이나 많은 노총각이랑 사귄다는 거야? 절대 안 된다."

"엄마, 그런 게 뭐가 중요해. 그 오빠는 착하고 성실하단 말이에요."

엄마는 딸을 이해하지 못했고 그녀 또한 자신의 사랑을 포기하지 않았습니다. 두 사람은 서로 교제하다가 결혼을 약속했습니다. 그런데 이들의 사랑 앞에는 너무나도 엄청난 장벽이 가로막혀 있었습니다. 여자의 몸은 암 덩어리가 이미 80%나 퍼져 있어서 폐와 뇌까지 전이되어 있었습니다. 청천벽력과도 같은 사실을 알고 두 사람은 할 말을 잃었습니다.

"오빠, 우리 헤어지자."

"그게 무슨 소리야? 헤어지다니!"

"난 곧 죽어. 의사 선생님도 길어야 3개월이라고 했잖아?"

"난 그 말 안 믿어. 그리고 난 널 놓칠 수 없어."

결국 그녀는 입원하게 되었습니다. 그리고 남자는 단 1분도 그녀의 곁을 떠나지 않고 정성껏 간호하기 시작했습니다. 힘든 상황에서도 그녀는 농담과 웃음을 잃지 않았습니다. 죽음의 그림자가 점점 다가오고 있다는 사실을 알면서도 두 사람은 함께 있는 순간순간이 너무나 행복했습니다.

항암치료로 머리카락이 다 빠지는 그녀를 위해서 남자도 같이 삭발을 했습니다.

"우리 결혼하자."

"오빠, 그게 무슨 소리야?"

"못 들었니? 결혼하자고. 나, 지금 너한테 프러포즈하는 거야."

"지금 농담하는 거지? 나 이제 한 달도 안 남았어. 난 곧 죽는단 말이야."

"그래도 우린 한마음이잖아. 그러니까 내 청혼을 받아줘."

마침내, 두 사람은 결혼을 하기로 결심했습니다. 그녀는 입원

후, 처음으로 목욕탕도 갔습니다. 그리고 결혼식 때 입을 하얀 드레스를 만지며 예쁜 신부가 되겠다고 다짐했습니다. 가족들은 이들의 결혼식을 반대했습니다. 그녀의 건강도 문제였고, 또한 남자의 장래를 걱정해서였습니다. 그러나 모든 사람의 반대에도 무릅쓰고 그들은 결혼식을 준비했습니다. 날짜가 다가올수록 그녀의 고통도 심해졌습니다. 그녀는 두 손 모아 기도했습니다.

"하느님, 제발 결혼식 날까지라도 살 수 있게 해주세요. 이제 일주일 남았습니다."

드디어 결혼식이 내일로 다가왔습니다.

"하루만 참아. 내일이 결혼식이야. 비록 머리카락도 다 빠지고 몸도 아프지만 넌 나에게 있어서 이 세상에서 가장 아름다운 신부야. 널 사랑해, 영원히."

남자의 이 말을 듣고 나서 그녀는 정신을 잃고 말았습니다. 그리고 결국 깨어나지 못했습니다.

◆

죽음도 갈라놓지 못한 아름다운 두 남녀의 사랑은 실제 이야기입니다. 누구나 한번쯤 잊지 못할 사랑을 한다고 합니다. 우리에게도 그런 사랑이 곧 찾아오겠지요? 사랑은 어느 날, 갑자기 도둑처럼 찾아오는 것이지만 그래도 마음의 준비가 필요하답니다.

세상에서 가장 아름다운 사랑을 나누기 위해서는 내가 가진 모든 것을 아낌없이 주어야 합니다. 사랑은 명예나 이익을 위해서 혹은 남에게 자랑하기 위해서 하는 것이 아닙니다. 또 사랑을 많이 베풀었다고 해서 오만한 마음을 갖거나 베푼 것에 대한 대가를 요구해서도 안 됩니다. 나를 돌아보지 말고 모든 것을 다 주는 것, 그것이 진실한 사랑입니다.

《아낌없이 주는 나무》라는 동화를 보면, 나무는 한 사람을 위해 그늘도 내어주고 열매도 주며 결국엔 자신의 몸까지 바치고 그것도 모자라 앉아서 편히 쉴 수 있도록 잘린 밑동까지 내어줍니다. 정작 나무는 아무 말이 없지만 우리는 그 책을 통해 '맞아, 바로 사랑은 저런 거야' 하고 깨닫게 됩니다.

아낌없이 주는 사랑 중에 부모님의 사랑을 빼놓을 수 없겠지요. 부모님은 자식들에게 많은 것을 주면서도 늘 부족하다고 생각합니다. 하나라도 더 주고 싶고, 내 것도 내어주고 싶은 것이 바로 부모님의 마음이요 사랑입니다.

지구가 온통 사막으로 뒤덮인다 해도, 우리가 살아갈 수 있는 이유는 바로 사랑이 존재하기 때문입니다. 사랑은 이처럼 우리 삶에 없어서는 안 될 최고의 가치이며 귀중한 선물입니다. 사랑이 얼마나 고귀하고 아름다운 행동인지 마더 테레사 수녀의 말씀을 생각해 봅시다.

"이 세상에는 여러 종류의 병이 있습니다. 결핵, 암, 한센병 등등 세상에는 너무나도 무서운 병이 참 많이 있습니다. 그러나 이것들보다 더 크고 중한 병이 있습니다. 아무도 돌보지 않고, 사랑하지 않고, 필요로 하지 않는 것! 이것이 가장 큰 병입니다. 육체의 병은 다양한 약으로 치유할 수 있지만 고독과 절망, 좌절의 유일한 치료제는 사랑밖에 없습니다. 우리가 살아가는 이 세상에는 지금도 빵 한 조각이 없어서 죽어가는 사람들이 있습니다. 하지만 사랑이 없어서 죽어가는 사람들이 더 많습니다."

◆ ◆ ◆

지구가 온통 사막으로 뒤덮인다 해도,
우리가 살아갈 수 있는 이유는
바로 사랑이 존재하기 때문입니다.
사랑은 이처럼 우리 삶에 없어서는 안 될
최고의 가치이며 귀중한 선물입니다.

PART 5

# 내일을
# 향해
# 거침없이
# 뛰어가자

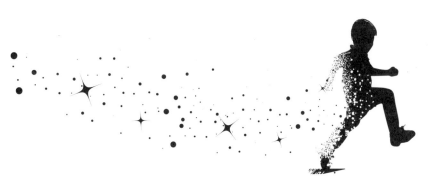

# 36 우주보다 더 큰 상상력을 꺼내보자

"너는 가진 것도 없고 그렇다고 부모를 잘 만난 것도 아니고. 도대체 앞으로 어떻게 살래? 정말로 막막하다. 안 그러니?"

가브리엘은 거울 속 자신에게 말했습니다. 그러자 잠시 뒤, 눈가에 눈물이 고였습니다.

사실 그녀는 아무것도 없었습니다. 열두 살에 어머니가 돌아가시고 아버지는 자식을 키울 능력이 없었습니다. 그래서 그녀는 수녀회에서 운영하는 수도원에 보내졌습니다.

한마디로 돈도 없었고 뒤를 봐주는 사람도 없었습니다. 그러나 그녀는 좌절하지 않았습니다. 아무리 가진 것도 없고 든든한 후원자가 없어도 최고의 자리에 오를 수 있는 길이 있다는 것을 잘 알고 있었기 때문입니다. 바로 '창조력'입니다. 남들이 감히 따라올 수 없는 뛰어난 창조력만 있으면 모든 것을 다 얻을 수 있습니다.

그것만큼 강력한 무기도 없습니다.

　어느 날, 그녀는 돈 많은 남자 친구 덕에 승마장에 갈 기회가 있었습니다. 간편한 남자들의 복장과는 달리 여자들의 복장은 참으로 복잡하고 불편했습니다. 치마를 입고, 더군다나 허리를 졸라매는 코르셋, 제대로 움직일 수도 없게 만드는 거추장스러운 드레스, 목 끝까지 단추를 채워야 하는 갑갑한 상의까지 한마디로 여자는 옷으로부터 자유로울 수가 없었습니다. 그녀는 그 순간, 뭔가 좋은 생각이 떠올랐습니다.

　'그래, 남자처럼 여자들도 바지를 입는 거야!'

　그 당시만 해도 여자가 바지를 입는다는 건 상상조차도 못 할 일이었습니다. 그 번뜩이는 생각을 그녀는 놓치지 않았습니다. 그 창조의 출발점은 일단 모자였습니다. 거추장스러운 레이스를 모두 다 버리고 심플한 모자로 승부했습니다.

　결과는 성공적이었습니다. 이어 그녀는 여성들을 위한 편안한 옷을 제작했습니다. 목이 보이는 티셔츠와 발목이 보이는 바지를 만들었습니다. 당시는 정숙을 최고의 미덕으로 삼던 시대라 그 옷은 파격에 가까웠습니다. 천박한 옷이라며 비난도 많이 받았지만 결국 그 옷 또한 성공하게 되었습니다. 결국 그녀는 세계적인 패션 디자이너가 되었습니다.

　자신의 우울했던 과거를 모두 다 뛰어넘어 최고의 자리에 오를 수 있었던 건 그녀의 창조력 때문이었습니다. 그녀가 바로 창조에 대한 끝없는 열정을 보여준 '코코 샤넬'입니다.

## 생각과 상상의 바다

창조력은 재력과 권력과 학력을 단 한 번에 이길 수 있는 강력한 힘을 가지고 있습니다. 그게 바로 창조력의 매력입니다. 가진 것 없고 힘이 없고 배운 게 없다고 불평불만을 늘어놓거나 한탄하지 마십시오. 또한 쉽게 세상 앞에 무릎 꿇지 마십시오. 어쩌면 그건 되레 마음껏 마음을 쓸 수 있는 조건을 마련해 주는 것입니다. 사는 게 불편하다고 불평하지 마십시오. 모든 창조력은 불편함을 극복하는 데서부터 시작되었습니다.

미국 필라델피아에 하이만이라는 사람이 살고 있었습니다.

집안 형편은 어려웠지만 그는 그림 그리는 솜씨가 뛰어났습니다. 그는 큼지막한 화실을 가지는 게 꿈이었죠. 습작도 할 겸 돈도 벌 겸 사람들을 상대로 인물화를 그려주었는데, 날이 갈수록 그림 솜씨가 향상되었습니다. 그러나 그림을 그릴 때 항상 불편한 점이 있었습니다. 지우개를 자주 잃어버리거나 사용하려고 하면 지우개가 어디로 갔는지 찾을 수 없었습니다. 그래서 하이만은 지우개를 왼손에 꼭 쥐고 그림을 그리기까지 했습니다.

어느 날, 이런 생각이 들었습니다.

'지우개를 연필 끝에 매달면 어떨까?'

하이만은 그 아이디어를 즉시 실현하기로 했습니다. 양철을 이용해서 연필 뒤에 지우개를 단단히 고정시켰습니다. 이렇게 해서 '지우개 달린 연필'이 탄생했습니다.

그는 이 아이디어를 특허 출원하고, 이 특허권을 가지고 연필 제조 회사에 판매하기로 결정했습니다. 연필 제조 회사에서는 착수금 1만 5000달러와 한 자루 팔릴 때마다 2퍼센트의 수익금을 주는 조건으로 특허권을 구매했습니다.

그 결과, 그는 17년 동안 매년 약 1000달러에 가까운 수익을 올렸습니다. 동네에서 제일 가난했던 하이만은 마을에서 최고로 부자가 되었고 유명인사가 되었습니다.


자신만의 의지를 가지고 다른 사람보다 조금 더 깊이 생각하고 달리 생각한다면 충분히 가능한 일입니다. 이것이 바로 창조가 인간에게 주는 공평한 기회입니다. 누구에게나 능력이 있습니다. 다만 그 능력을 아직 발견하지 못한 것뿐입니다.

창조를 거창하게 생각하지 마세요. 혁신적인 것을 만들어야 한다는 부담감에서 벗어나야 합니다. 창조는 새로운 것에 대한 갈망일 뿐만 아니라 지금 당장 불편한 점을 극복하고자 하는 의지입니다. 불편함은 창조의 어머니라는 표현이 있습니다. 그러니 일단 불편한 것을 해결하기 위해 노력해 보세요. 그것이 창조의 시작입니다.

# 37 보이는 것이 전부는 아니다

"가수는 노래를 잘 부르는 사람입니다."

"그렇지. 가수가 되려면 일단 노래를 잘 불러야지. 하지만 그건 라디오 시대의 이야기야. 지금은 텔레비전 시대야. 다시 말해 듣는 것도 중요하지만 보여지는 것도 중요하다는 얘기야. 그러니까 너희는 안 돼!"

"저희가 어때서요?"

"보면 몰라? 자, 거울을 봐라. 너희들의 모습을."

거울 속에 비친 네 명의 여자, 그들은 거울이 모자랄 정도로 모두 뚱뚱하고 얼굴 또한 아주 예쁘지도 않았습니다.

"안 되겠다. 이 기획사는 아닌가 봐."

네 사람은 실망한 표정으로 사무실을 나왔습니다.

"벌써 스무 번째야. 우리 같은 외모로는 가수 하기는 틀렸어."

"좀 더 찾아보자. 외모가 아니라 실력을 알아주는 기획사가 분명히 있을 거야."

음반 시장의 불황으로 대부분의 기획사들은 수익을 내기 위해 이왕이면 예쁘고 날씬한 몸매의 여자 가수나 꽃미남 가수를 원했습니다. 그러므로 뚱뚱한 네 명의 여자를 가수로 키워줄 기획사를 만나기란 참으로 힘든 일이었습니다.

"이제 여기가 마지막이야. 더 이상은 찾아갈 기획사도 없을 것 같아. 하지만 힘내자."

네 사람은 비장한 결심을 하고 꽤 유명한 기획사를 마지막으로 찾아갔습니다.

"저희는 노래를 정말 잘하는 사람이 제대로 대접받아야만 대중가요가 발전할 수 있다고 생각합니다. 그런 상식이 통하는 세상을 만들고 싶습니다. 그것이 저희들의 신념이고 또한 도전입니다."

"좋습니다. 이렇게 훌륭한 가창력을 갖고도 그동안 음반 하나 내지 못했다니 참으로 안타까운 현실이군요. 저희가 앞서겠습니다. 우리 한번 잘 해봅시다."

네 사람의 당찬 의지와 뛰어난 가창력에 반한 기획사 대표는 그들과 손을 잡고 곧장 음반 제작에 들어갔습니다.

"연습은 잘됩니까?"

"예, 대표님."

"무엇보다도 그룹 이름을 빨리 정해야겠어요. 음반이 거의 완성 단계에 왔으니 본격적인 홍보도 해야 하거든요. 제가 고민해 보았는데 '빅마마'가 어때요?"

"빅마마?"

"예. 뚱뚱한 외모를 당당하게 내세우는 겁니다. 그리고 우리 대중가요의 절대적이고 커다란 존재라는 뜻입니다, 어머니 같은."

"예. 좋습니다. 빅마마!"

곧이어 음반이 나왔고 빅마마는 본격적으로 무대에 섰습니다. 빅마마는 다른 그룹들처럼 특별한 파트를 정해놓고 노래 부르지 않습니다. 곡의 스타일에 따라 자유자재로 파트를 바꾸고 그에 따라 다양한 톤을 능수능란하게 사용하면서 화려한 가창력을 선보였습니다.

마침내 빅마마의 1집 앨범은 30만 장이 넘게 팔렸고 2집 또한 꾸준한 사랑을 받으며 성공하게 되었습니다. 외모보다는 실력과 당당함을 무기로 잘못된 상식을 보기 좋게 뒤집은 것입니다.

◆

주근깨가 많으면 어떻습니까? 키가 작으면 어떻습니까? 겉으로 보이는 외모 때문에 주눅 들거나 의기소침해하지 마세요. 외모도 만들 수 있습니다. 태어날 때 얼굴은 부모님이 물려주셨지만 사는 동안의 얼굴은 본인 스스로가 만들 수 있다는 사실을 기억하세요.

좋은 생각과 행복한 웃음만 있다면 사람의 얼굴은 점차 아름다워진다고 합니다. 아무리 잘생겨도 표정이 어두우면 아름답지 못합니다. 당당한 자신의 모습을 보며 웃으세요.

아름답다는 말의 진짜 의미는 무엇일까요? 눈이 크고 코가 오뚝하고 입술이 도톰한 모습이 아름다움의 전부일까요? 꼭 그것만은 아닐 것입니다. 비록 얼굴이 빼어나지 못해도 왠지 호감이 가고 끌리는 사람이 있습니다. 보면 볼수록 친근하게 느껴지는 사람, 자기 일에 열정을 다해 노력하는 사람, 바로 그 사람이 진정 아름다운 사람입니다.


한 소년이 있었습니다. 그의 부모님은 아이를 양육하는 일이 귀찮아서 어린 아들을 강제로 장기 사관학교에 보내버렸습니다. 키가 153센티미터밖에 되지 않았던 그는 학교에서 늘 키가 작다고 난쟁이로 놀림받았습니다. 게다가 신체적인 왜소함 때문에 사관학교를 졸업하고도 장교로 임관하지 못했지요.

하지만 그는 부모님을 원망하거나 자신의 육체적 결함을 비관하지 않았고 고향에 내려가 조용히 농사를 지으며 훗날을 기약했습니다. 그러던 중 미국에서 남북전쟁이 터졌고 장교가 부족하게 되어서 그는 북군의 장교로 참전하게 되었습니다. 비록 상관이나 부하들로부터 제대로 대우받지는 못했지만 불평하지 않고 묵묵히 최선을 다했습니다.

이런 그의 성실한 모습은 점차 많은 사람들로부터 존경과 신뢰를 얻었고, 결국 미국 최초의 육군대장이 되었습니다. 그는 훗날 미국의 제18대 대통령에도 당선되었습니다. 그가 바로 율리시스 그랜트 대통령이랍니다.

흔히 사람들은 겉으로 보이는 모습으로 쉽게 판단합니다. 그러나 사실 보이는 것이 전부가 아닙니다. 눈에 보이지 않는 것들이 오히려 세상을 더 아름답고 빛나게 합니다. 자신만의 빛을 찾아보세요. 그리고 당당하게 세상을 바라보세요. 스스로를 당당하고 아름답다고 믿는 순간, 우리들은 가장 아름다운 모습으로 변해 있을 것입니다.

◆ ◆ ◆

사람들은 겉으로 보이는 모습으로 쉽게 판단합니다.
그러나 사실 보이는 것이 전부가 아닙니다.
눈에 보이지 않는 것들이 오히려 세상을 더 아름답고
빛나게 합니다. 자신만의 빛을 찾아보세요.

# 38 변화를
피하지 말고

## 변화를
주도하자

숲에 줄무늬 애벌레 한 마리가 살았습니다. 배가 고픈 줄무늬 애벌레는 잎을 갉아 먹으면서 점점 크게 자랐습니다. 그러던 어느 날, 먹는 일을 중단하고 생각에 잠겼습니다.

'삶은 먹고 자라는 것 외에 더 오묘한 무엇인가가 있을 것 같은데…'

줄무늬 애벌레는 풍성한 먹을거리가 있는 나무를 떠나기로 결심했습니다. 다른 세상으로 나와보니, 수많은 애벌레가 있었습니다. 그런데 그들은 모두 하늘 끝까지 치솟은 크나큰 기둥을 향해 기어가고 있었습니다. 그 기둥은 서로를 밀치며 앞서가려는 질서 없는 애벌레 더미였습니다. 애벌레들은 한결같이 꼭대기에 오르려고 했는데, 그 위는 구름으로 가려져 있어서 잘 보이지 않았습니다. 줄무늬 애벌레는 흥분했습니다.

'내가 찾으려고 하는 것이 어쩌면 저 속에 있을지도 몰라.'

줄무늬 애벌레는 다른 애벌레들을 제치고 올라가기 시작했습니다. 생존 전쟁과 같은 상황에서 친구란 의미는 사라진 지 오래였습니다. 꼭대기에 다 닿았을 무렵, 줄무늬 애벌레는 다시 고민에 빠졌습니다.

'저 꼭대기에 무엇이 있든지, 과연 내가 이렇게까지 행동할 가치가 있을까?'

거의 정상까지 다 올랐던 줄무늬 애벌레는 결국 꼭대기에 오르는 일을 포기하고 바닥으로 내려왔습니다. 그러나 줄무늬 애벌레는 여전히 새로운 변화에 대한 갈망으로 가득했습니다. 바로 그 순간, 아름다운 나비 한 마리가 줄무늬 애벌레 옆으로 날아왔습니다. 줄무늬 애벌레는 나비에게 물었습니다.

"어떻게 하면 나비가 되죠?"

"어렵기도 하지만 어쩌면 참 쉽기도 해. 간절하게 날기를 원하면 돼. 하나의 애벌레로 사는 것을 기꺼이 포기할 만큼 간절하게 원해봐. 그러면 가능할 거야."

줄무늬 애벌레는 언뜻 나비의 말을 이해하기 어려웠지만 그래도 어느 정도 알 듯도 했습니다. 그래서 나비에게 다시 물었습니다.

"그렇다면 죽어야 한다는 뜻인가요?"

"그렇기도 하고 아니기도 하지. '겉모습'은 죽은 듯이 보여도 '참

모습'은 여전히 살아 있거든. 삶의 모습은 바뀌지만 목숨이 없어지는 것은 아니니까. 나비가 되어보지도 못하고 죽는 애벌레들의 삶과는 전혀 다르지."

"전혀 다른 삶이요?"

"그럼. 나비가 되면 자유가 있단다. 가고 싶은 곳은 어디든 갈 수 있으니까 말이야."

줄무늬 애벌레는 부러운 듯 나비를 바라보았습니다. 그러자 나비가 활짝 웃으면서 말했습니다.

"너도 나비가 될 수 있어. 넌 충분해. 현실에 머물기보다 늘 새로운 걸 추구하잖아. 변화를 두려워하지 않고 도전하면 모든 일을 할 수 있어. 우리는 모두 너를 기다리고 있단다."

나비의 말을 듣고 줄무늬 애벌레는 부푼 희망을 가졌습니다. 드디어, 줄무늬 애벌레에게 새 삶이 찾아왔습니다. 머지않아 줄무늬 애벌레는 예쁜 나비가 되었습니다.

◆

트리나 폴러스의 《꽃들에게 희망을》이라는 책의 이야기입니다. 이 작품을 통해 작가는 우리에게 '너는 현실에 안주하는 애벌레인가, 아니면 나비를 꿈꾸는 줄무늬 애벌레인가?'라고 묻고 있습니다. 나는 과연 어느 쪽인가요?

베스트셀러 작가 켄 블랜차드 교수는 이런 말을 했습니다.

"사람은 선천적으로 변화를 두려워합니다. 변화에 대한 호기심은 있으나 즉 변화를 바라는 마음이 있으면서도 그 변화를 두려워한다는 것입니다. 첫째, 지식의 변화를 두려워하고 둘째, 자세의 변화를 두려워하며 셋째, 행동의 변화를 두려워하고 넷째, 조직의 변화를 두려워한다고 합니다."

사실, 변화라는 것은 두렵기도 하고 귀찮기도 합니다. 그러나 그 변화가 더 나은 내일을 보장한다면 우리는 고민할 필요 없이 기꺼이 받아들여야만 합니다. 변화를 받아들이고 극복하는 사람만이 나비가 될 수 있기 때문입니다. 세상이 변하고 생각도 변하고 삶의 방식도 변하고 있는데, 나 자신만 늘 그 자리에 머물러 있다면 머지않아 남들에게 뒤처지게 될 것이고 그러면 결국 도태되고 맙니다. 변화를 즐기세요. 변해야겠다는 생각, 그 설렘을 갖고 실천하세요. 그러면 내일의 태양은 오늘과 다른 모습으로 뜰 것입니다.

변화를 뜻하는 영어 'Change'를 잘 살펴보면 그 안에 새로움이 들어 있다는 사실을 발견할 수 있습니다. 새로움이란 바로 '기회(Chance)'를 말합니다. 변화를 하는 과정에 기회가 찾아옵니다. Change에서 'g'를 'c'로 바꾸면, Chance가 됩니다.

변화가 찾아오기 전에 먼저 변화를 맞이하세요. 그러면 갑작스럽게 찾아온 변화에 두려워할 필요도 없으며, 그 사이에 남보다 더 많은 준비를 할 수 있습니다. 오늘보다 나은 내일의 변화를 잘 맞이할 수 있는 네 가지 실천법을 소개하겠습니다.

첫째, 남과 경쟁하지 말고 자기 자신과 경쟁할 것.

둘째, 나의 단점과 장점을 잘 파악하고 장점에 힘을 쏟을 것.

셋째, 작은 일이라도 미래를 위해서는 중대하다고 여길 것.

넷째, 변화된 내 모습과 미래를 상상할 것.

영국 성공회 주교의 무덤 앞에는 이런 글이 적혀 있습니다.

"내가 젊고 자유로워서 상상력의 한계가 없을 때, 나는 세상을 변화시키겠다는 꿈을 가졌습니다. 좀 더 나이 들고 지혜를 얻었을 때, 나는 세상이 변하지 않으리라는 사실을 알았습니다. 그래서 시야를 약간 좁혀서 내가 살고 있는 나라를 변화시키겠다고 결심했습니다. 그러나 그것 역시 불가능한 일이었습니다. 황혼의 나이가 되었을 때, 나는 마지막 시도로 나와 가장 가까운 내 가족을 변화시키겠다고 마음을 정했습니다. 그러나 아무도 달라지지 않았습니다. 이제 죽음을 맞이하기 위해 자리에 누운 나는 문득 깨달았습니다. 만약 내가 내 자신을 먼저 변화시켰더라면, 그것을 보고 내 가족이 변화되었을 것을⋯. 또한 그것에 용기를 얻어 내 나라를 더 좋게 바꿀 수 있었을 것을⋯. 그리고 누가 압니까, 나의 작은 변화가 세상까지도 변화하게 만들었을지⋯!"

# 39 다름을 개성으로 받아들여야 한다

"오토다케! 너 지금 장난하니? 네가 어떻게 농구를 해! 농구공이 널 가지고 놀겠다!"

오토다케는 친구들의 놀림 따위에는 신경 쓰지 않았습니다.

"난 할 수 있어. 해보고 싶단 말이야."

농구부 감독은 팔다리가 없는 오토다케를 보고 난감했지만, 오토다케의 강한 눈빛을 보고 흔쾌히 받아주었습니다.

"오토다케, 농구공은 네 팔다리보다 훨씬 더 크단다. 그런데 가능하겠니?"

오토다케는 환하게 웃으며 대답했습니다.

"연습만 하면 이 세상에 불가능한 건 없다고 감독님께서 말씀하셨잖아요? 전 다른 아이들보다 더 많이 연습할 거예요."

감독님은 머리를 긁적이며 고개를 끄덕였습니다.

"그래, 연습으로 안 되는 건 없지. 자, 그럼 기대하마."

오토다케는 아무도 없는 강당에서 홀로 짧은 팔과 다리를 갖고 드리블 연습을 했습니다. 농구공이 이리저리 튀고 굴러다녀서 정신이 없었지만 그래도 즐겁게 운동했습니다. 어느새 온몸은 땀으로 젖었습니다. 연습은 저녁 늦게까지 계속되었습니다. 이미 밖은 어두워졌습니다.

"어? 강당에서 농구공 소리가 나네? 도대체 이 시간에 누구지?"

감독님은 불이 켜진 강당으로 들어왔습니다. 그리고 오토다케가 아직도 연습하는 모습을 보고 깜짝 놀랐습니다.

"오토다케, 집에 안 가고 여태 연습한 거야?"

오토다케는 숨을 헐떡거리며 말했습니다.

"예. 다른 아이들에 비해 연습이 많이 부족해서요. 농구가 아직은 제게 불가능한가 봐요. 그래서 가능할 때까지 연습을 더 하려고요."

오토다케는 감독님에게 하루 종일 연습한 기술을 보여주었습니다.

"감독님, 어때요? 제 드리블 솜씨?"

"솜씨가 제법이구나. 그런데 이제 많이 늦었으니 집으로 가자. 내가 데려다주마."

"벌써요? 이제 겨우 드리블 연습만 한걸요? 지금부터는 슛 연습을 해야 해요."

오토다케의 강한 의지에 감독님도 고개를 절레절레 흔들었습니다. 오토다케는 신체적인 결함에도 불구하고 그 후, 열심히 공부해서 와세다 대학 정치학과에 입학했습니다.《오체불만족》이라는 책을 펴내면서 더욱 유명인사가 되었고, '마음의 장벽 없애기' 운동을 하며 각종 강연회의 인기강사로 명성이 자자해졌습니다. 그러던 어느 날, 강연이 끝나고 한 꼬마에게 질문을 받았습니다.

"오토다케 형, 질문이 있어요. 형은 손과 발이 없잖아요? 저 같으면 부끄러워서 그냥 집 안에만 있을 텐데 어떻게 그렇게 당당할 수 있죠? 정말 아무렇지도 않나요?"

오토다케는 빙그레 웃으며 다정하게 말했습니다.

"꼬마야, 네 주위에 있는 사람을 한번 쳐다보렴. 안경 쓴 사람이 참 많지? 눈이 나쁘면 안경을 쓰는 것처럼 다리가 불편하면 휠체어를 타는 거야. 장애인은 불쌍한 사람이 아니란다. 너와 똑같아. 그리고 내 몸 어때? 참 개성 있게 생기지 않았니? 요즘은 개성 시대잖아."

그는 책을 통해 이렇게 말했습니다.

"장애가 있긴 하지만 나는 인생이 즐거워요. 건강한 몸으로 태어났지만 울적하고 어두운 인생살이를 보내는 사람도 있습니다. 그런가 하면 팔다리가 없는데도 매일 활짝 웃으며 살아가는 사람도 있지요. 그러므로 장애 따위는 관계없는 것입니다."

장애는 보이는 것으로 판단하는 게 아닙니다. 마음 상태가 건강한가가 더 중요하지요. 보기에는 멀쩡한데 아무 잘못 없는 사람을 괴롭히거나 웃어른께 대들면서 욕설을 하고 늦은 밤에 고래고래 소리 지르며 횡포를 부리는 사람… 어쩌면 이들이 더 큰 장애를 가지고 있는 것은 아닐까요? 마음의 장애 말입니다.

장애가 있으면 살면서 불편합니다. 그렇다고 희망이나 열정까지 불편한 것은 아닙니다. 오히려 자신의 장애가 꿈에 대한 강한 의지나 오기로 발동되어서 더 크게 성공하는 사람들이 우리 주변에 많이 있습니다.

세계적인 문학가 호메로스는《일리아드》와《오디세이》라는 대작을 남겼고, 밀턴은《실락원》을 집필했습니다. 이 두 작가는 모두 시력을 잃은 시각장애인이었습니다. 또한 중국의 법학가요 철학자인 한비자는 심한 말더듬이였다고 합니다. 그래서 자신의 주장을 논리 있게 글로 적었는데, 그 책이 바로 그의 이름을 딴《한비자》입니다.

《돈키호테》를 지은 세르반테스는 한쪽 팔을 잃은 군인이었으며, 너무나도 유명한 미국의 루스벨트 대통령도 서른아홉 살에 소아마비로 두 다리를 잃은 장애인이었습니다. 그 외에도 베토벤,

바그너, 반 고흐 등 장애를 극복하고 역사에 남은 훌륭한 사람들이 많습니다.

선천적으로 장애를 갖고 태어난 사람도 있지만, 요즘은 사고로 장애인이 되는 경우도 많아졌습니다. 따라서 장애인을 특별한 눈으로 쳐다볼 것이 아니라 그 자체로 받아들이고 함께 어울려 살아가도록 해야 합니다. 그들도 우리와 함께 살아가는 이웃이며 친구이기 때문입니다. 그러므로 '장애인에 대한 배려'도 꼭 필요하겠지요?

첫째, 뇌성마비로 언어장애가 있고 온몸을 흔든다고 지능이 낮은 것으로 생각하지 말자. 뇌성마비의 지능지수는 정상.

둘째, 지적장애인을 바보 또는 정신박약이라고 놀리고, 나이에 상관없이 반말을 하는데 절대 안 되며 그들의 인격도 존중해 주자.

셋째, 청각장애인의 언어인 수화를 몇 단어라도 익히자. 간단한 인사를 하면 가까운 사이가 될 수 있으니까.

넷째, 장애인이 지나가면 발길을 멈추고 쳐다보는 사람들이 있는데 그러한 시선이 장애인들을 더 고통스럽게 한다는 사실을 기억할 것.

다섯째, 학교에 장애인이 다니면 관심을 갖고 친구 하기를 주저하지 말 것.

# 40 절망이란 말에 속지 말아야 한다

'몸이 왜 이러지? 내 말을 듣지 않잖아. 도저히 움직일 수 없네?'

혼자 힘으로 농장을 운영할 만큼 건강한 신체를 가진 제임스에게 어느 날 갑자기 예기치 않은 불행이 찾아왔습니다. 전신마비였습니다. 아무리 움직이려고 해도 생각대로 몸이 움직이지 않았습니다.

"여보, 나 좀 도와줘. 내 몸이….."

제임스를 본 아내도 무척 놀랐습니다.

"도대체 왜 그래? 왜 누워 있어?"

"내 몸이 점점 굳어가고 있어."

그는 결국 하루아침에 침대에 누워 꼼짝 못 하는 신세가 되고 말았습니다. 더욱 절망적인 것은 시간이 지날수록 몸이 더욱 굳어진다는 것이었습니다. 그러던 가운데, 꿈을 꾸었습니다. 한 남자가 사막 한가운데를 걷고 있었습니다. 태양빛은 너무나 강렬했고 마실 물도 없었습니다. 도저히 앞으로 나아갈 수가 없었습니다.

'이곳에서 이대로 죽는단 말인가?'

남자는 절망에 빠져 눈물을 흘렸습니다. 눈물은 뺨을 타고 턱 끝으로, 그리고 모래사막에까지 떨어졌습니다. 그런데 눈물이 떨어진 모래사막에서 갑자기 꽃 한 송이가 피어났습니다. 씨앗 하나가 남자의 눈물을 먹고 쑥쑥 자라 꽃을 피운 것이었습니다.

'그래! 절망 속에도 꽃은 피어나고, 희망도 자라는 거야!'

그 뒤로 남자는 가슴에 희망을 품고서 열심히 걸었습니다. 다행히도 곧이어 오아시스를 만날 수 있었습니다.

'아, 꿈이었구나.'

제임스는 하룻밤의 꿈을 통해 절망에서도 희망이 피어난다는 사실을 믿게 되었습니다. 다음 날, 제임스는 맑은 목소리로 아내를 불렀습니다.

"여보! 나, 다시 시작해 볼 거야. 비록 내가 이렇게 몸을 움직일 수는 없어도 머리는 아직도 온전하잖아? 난 사업을 시작할 거야. 그러니 당신이 좀 도와주어야겠어."

"사업? 무슨 사업?"

"소시지를 만드는 거야. 우선 옥수수를 심은 다음에 그것을 돼지 사료로 쓰는 거지. 그다음 돼지가 새끼일 때 잡아서 소시지를 만드는 거야. 그러면 육질이 연해서 최상급 소시지가 될 거야. 나는 그 소시지에 '제임스 소시지'라는 상표를 붙여서 시장에 내다 팔 거야. 어때?"

아내는 방그레 웃으며 대답했습니다.

"그래. 그렇게 하자. 당신이 하고자 하는 의지만 있다면 내가 있는 힘을 다해서 얼마든지 도울게."

아내는 남편이 다시 삶의 의지를 갖게 되었다는 것만으로도 무척 행복했습니다. 그런데 제임스의 사업은 놀랍게도 큰 성공을 거두었습니다. 처음에는 작은 시장에서만 유통되던 '제임스 소시지'가 몇 년 후에는 대부분의 미국인들 식탁에 오르는 최고 인기 식품이 되었던 것입니다. 절망 속에서 피어난 희망은 더 큰 빛을 발휘했습니다.

◆

2002년 한일 월드컵의 4강 신화를 기억하나요? 간절히 원하면 다 이루어집니다. 간절하게 원하는 사람은 그만큼 더 많은 노력을 할 것이고 그 대가는 분명히 꿈이 되어 돌아옵니다. 그러므로 지금 자신의 처지가 남보다 조금 부족하다고 뒤로 물러서거나 피하지 마세요.

땅 밖으로 나와 있는 씨앗은 결코 싹을 틔울 수 없고 열매 또한 맺지 못합니다. 땅속에 고개를 처박고 몇 날 며칠 숨죽이며 어둠의 시간을 견뎌내야만 싹을 틔울 수 있습니다. 그리고 온 힘으로 단단한 땅을 뚫고 나와야 비로소 아름다운 열매를 얻을 수 있습니다.

누구에게나 시련은 있기 마련입니다. 그러나 그 시련에 맞서 좌절하지 않고 희망의 계기로 전환하는 마음가짐이 중요하지요. 사람은 자기만의 인생 동전을 가지고 있습니다. 앞면에는 절망이라는 이름이 새겨져 있고 뒷면에는 희망이 새겨져 있지요. 그 동전을 지금 하늘 위로 던져보세요. 손바닥에 떨어진 동전은 어떤 면인가요? 물론 희망이겠죠? 희망을 봤다면 믿으세요. 설령 절망이라고 해도 희망이라고 믿으세요.

제2차 세계대전 때, 영국과 미국의 포로 2만 명이 일본군 수용소에 갇혔는데, 그중 무려 8천 명이나 죽었습니다. 죽음의 원인은 영양실조나 질병, 과로가 아니라 절망 때문이었다고 합니다. 그래서 과학자들은 이런 현상을 입증하려고 특별한 실험을 했습니다. 편안한 삶이 생명을 연장시키는지 아니면 단축시키는지에 관한 것이었습니다. 과학자들은 동물들을 두 그룹으로 나누어놓고, 한 그룹의 동물들은 아주 좋은 환경에서 충분한 먹이를 주며 편안히 살도록 했고, 다른 동물들은 생명의 위협을 주며 약간의 음식만

주었다고 합니다. 결과는 어떻게 나왔을까요?

　그런데 놀라운 결과가 나왔답니다. 좋은 환경에서 산 동물들이 먼저 병들기 시작했는데, 생에 대한 의욕과 기운이 없어지자 더 빨리 죽었다고 합니다. 우리를 괴롭히는 적당한 고통과 고난은 어쩌면 우리에게 삶에 대한 의지를 더 강하게 심어주는 역할을 하는지도 모릅니다. 고통과 고난도 인생의 한 부분이라는 사실을 받아들인다면 덜 힘들지 않을까요?

　우리가 살아가는 동안 고통 없는 삶이 어디 있겠습니까? 산다는 것은 절망과 희망의 끊임없는 반복이며 싸움이라고 했습니다. 무더운 여름을 잘 견디면 시원한 가을바람을 맞이할 수 있고 혹독한 겨울을 보내면 진달래 만발한 봄을 껴안을 수 있듯이, 절망 끝에는 언제나 희망이 있습니다.

　그러기에 우리는 싸워서 반드시 이겨야 합니다. 내 인생의 승리자가 되어야 하고, 절망보다는 희망이 더 우월하다는 진실을 증명해야 합니다. 절망의 다른 이름은 바로 희망입니다. 도처에 널려 있는 희망은 먼저 줍는 사람이 주인이랍니다.

# 41 내일을 향해 가는 자는 멈추지 않는다

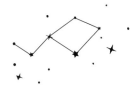

시냇물을 경계로 두 마을이 자리 잡고 있었습니다. 윗마을과 아랫마을에는 각각 마을 대표가 있었습니다. 그들은 자기 마을 사람들의 편의를 위해 열심히 일했습니다. 마을 대표의 가장 막중한 일은 사람들에게 시원한 물을 가져다주는 것이었습니다. 그들은 이른 아침, 양손에 큰 양동이를 들고 시냇물을 떠갔습니다. 공교롭게도 두 사람은 매일 같은 시간에 물을 뜨면서 서로 친구가 되었습니다.

"오늘 아침은 날씨가 좀 흐리구먼. 아무래도 오후에 비가 올 것 같지 않은가?"

"그러게 말일세. 비가 많이 오면 시냇물이 더 붇겠는걸?"

윗마을과 아랫마을 대표는 정답게 대화를 나누며 물을 길었습니다. 그들은 양손에 물로 가득 찬 양동이를 들고 각자의 마을로 향했습니다. 마을 대표들은 비가 오나 눈이 오나 물 긷는 일을 빼먹지 않고 했습니다. 두 마을에는 모두 물이 나오는 샘이 없었기 때문입니다.

그러던 어느 날, 그날도 변함없이 아랫마을 대표는 양손에 양동이를 들고 시냇가로 왔습니다. 그런데 늘 보이던 윗마을 대표가 보이지 않는 것이었습니다.

'이상하군. 단 한 번도 이런 적이 없었는데…. 혹시 늦잠을 자고 있는 건 아닐까? 시간도 좀 있고 하니까 기다려야겠군.'

아랫마을 대표는 양동이에 물을 떠놓고는 콧노래를 부르며 윗마을 대표를 기다렸습니다. 그런데 한 시간이 지나도 윗마을 대표의 모습은 보이지 않았습니다.

'허허, 이상한 일일세.'

아랫마을 대표는 하는 수 없이 양동이를 들고 자기가 사는 마을로 향했습니다. 그러나 다음 날도 윗마을 대표의 얼굴은 볼 수 없었습니다. 열흘이 지나도 역시 윗마을 대표는 보이지 않았습니다.

'이 친구가 늦잠을 자는 게 아니야. 어디가 아픈 게 분명해. 오늘은 문병이라고 가야겠군.'

아랫마을 대표는 윗마을 대표의 집으로 달려갔습니다.

"자… 자네 어디 아프지 않았나?"

"그게 무슨 소린가? 내가 아프다니?"

"그런데 왜 한 달이 되도록 물을 뜨러 나오지 않았나?"

"허허허. 난 아무렇지도 않다네. 이리로 오게나. 그렇지 않아도 내가 자네에게 보여줄 것이 있다네."

아랫마을 대표는 윗마을 대표를 따라 큰 은행나무 밑으로 갔습니다. 윗마을 대표는 손가락으로 무언가를 가리켰습니다.

"저것을 보게나. 저것 때문에 난 더 이상 시냇물을 뜨러 갈 필요가 없었던 것이네."

윗마을 대표가 가리킨 것은 바로 우물이었습니다.

"난 몇 달 전부터 이 우물을 파기 시작했지. 아주 조금씩 말이야. 그 결과, 이렇게 멋진 우물을 완성할 수 있었다네. 그래서 시냇물을 뜨러 가지 않았던 것일세. 물이 필요하면 마을 사람들이 언제든지 이곳에 와서 물을 퍼가니, 내가 굳이 시냇가까지 가지 않아도 되었던 거지."

◆

누구나 한번쯤 오늘보다 내일이 더 행복했으면 좋겠다고 생각할 것입니다. 그러나 행복한 내일은 그냥 오는 것이 아니고 오직 준비된 사람에게만 오는 선물이지요. 맛있는 열매를 바란다면 기름진 땅에 좋은 씨앗을 뿌려야 할 것이고, 좋은 성적을 바란다면 남보다 더 많은 시간을 투자해서 노력해야 합니다.

이처럼 준비란 바로 한 치 앞을 내다보는 망원경과 같은 것입니다. 내가 지금 남보다 먼저 준비하고 있는 것은 무엇인가요? 없다면 지금부터 당장 준비하세요. 그렇게 하지 않으면 아랫마을 대표처럼 평생 이른 아침 시냇가에 가서 물을 길어야 할지도 모릅니다.

영국의 윔블던 테니스장은 일 년 중 딱 2주를 사용하기 위해서 일 년 내내 롤러를 밀며 테니스장을 단단하고 평평하게 만들어 선수들이 최상의 조건에서 경기할 수 있도록 준비한다고 합니다. 테니스장의 운영 책임을 맡은 매니저는 한 해 동안 꾸준하게 경기장을 관리하며 2주간의 대회를 기다리는 일을 보람으로 여기지요. 준비하는 일은 행복하고 보람찬 일이지 결코 시간 낭비가 아닙니다.

세계적인 명지휘자 토스카니니는 원래 첼로 연주자였다고 합니다. 그는 불행히도 심한 근시로 물체를 잘 보지 못했습니다. 관현악단의 일원으로 첼로를 연주할 때마다 앞에 놓인 악보를 볼 수 없어서 늘 미리 외워서 연주회에 나가곤 했지요.

그런데 한번은 연주회 날, 지휘자가 갑자기 병원에 입원하게 되어서 궁여지책으로 토스카니니가 지휘를 맡게 되었습니다. 오직 그만 모든 악보를 다 외우고 있었으니까요. 다행스럽게도 연주회는 성공적으로 끝났고 그 후, 그는 지휘자로 발탁되어 종종 지휘를 하게 되었답니다. 그때 그의 나이는 불과 열아홉 살이었습니다. 첼로 연주자에서 세계적인 명지휘자가 탄생한 순간이었죠.

기억하세요. 준비된 사람의 미래는 언제나 밝다는 사실을! 그리고 성공의 3요소는 충분히 준비하고, 경험을 쌓고, 포기하지 않는 것이라는 것도 잊지 마세요.

◆ ◆ ◆

준비란 바로 한 치 앞을 내다보는 망원경과 같은 것입니다.
내가 지금 남보다 먼저 준비하고 있는 것은 무엇인가요?
없다면 지금부터 당장 준비하세요.

# 42 우물쭈물 하다가 아무것도 못 하게 된다

극작가이자 비평가인 버나드 쇼. 그는 가정 형편이 어려워 초등학교밖에 나오지 못했습니다. 그래서 그런지 배움에 대한 열망이 강했습니다. 자그마한 회사에 다니면서 그는 틈나는 대로 책을 읽고 음악과 그림도 배웠습니다. 그리고 세상사에 눈을 떠 사회주의자로도 크게 활약하고 풍자와 기지로 가득 찬 희곡을 써 사회에 파장을 일으키기도 했습니다. 마침내 《인간과 초인》이라는 작품을 통해 세계적인 극작가가 되었습니다. 1925년에 노벨 문학상의 영광도 얻었습니다.

버나드 쇼를 소개한 이유가 있습니다. 바로 그의 묘비명에 대해 말하려 합니다. 그는 스스로 자기 묘비에 쓸 글을 남겼습니다. 묘비명은 다음과 같습니다.

'우물쭈물하다가 내가 결국 이렇게 될 줄 알았어.'

참으로 의외의 문구입니다. 그는 그 누구보다도 열정적이며 눈코 뜰 새 없이 바쁘게 살아왔습니다. 일을 추진할 때는 물불 안 가리고 불도저처럼 밀고 나갔고 작품에서도 과감하고 거칠게 표현했습니다. 한마디로 그의 삶은 우물쭈물과는 거리가 멀었습니다.

그런데 왜 그는 자신의 삶을 그렇게 평가했을까요. 그건 자기가 살아왔던 인생에 대해 아쉽고 후회스러워 그런 문구를 남긴 게 아닙니다. 죽어서까지도 후대 사람들에게 메시지를 남기고 싶은 그의 마지막 열정이었습니다. 정작 그가 후대 사람들에게 하고 싶은 말은 바로 이겁니다.

"너희들도 나처럼 열심히 살고 선택 앞에 과감히 칼을 휘둘러라. 우물쭈물 망설이다가 인생을 절대 낭비하지 마라. 알았지?"

자명종이 울리는 순간부터 선택은 시작됩니다. 5분을 더 잘 것인가, 이불을 걷어차고 일어날 것인가. 아침 식사는 거를 것인가, 먹을 것인가. 깜박거리는 신호등을 보고 빨리 뛰어갈 것인가, 다음 신호에 여유롭게 걸어갈 것인가. 그나마 이런 것들은 사소한 일들이라 설령 다른 선택을 한다 해도 큰 지장은 없습니다. 그러나 살다 보면 중대한 일들을 선택해야 하는 경우가 많습니다. 물론 나름대로 상황과 여건에 따라 결단을 내리겠지만 결단을 내리기까지의 시간이 길어지면 길어질수록 손해입니다. 상황을 파악하고 분석하느라 결단이 늦어진다면 그건 이해가 가겠지만 그저 대책도 없이 망설이고 우물쭈물하는 건 곤란합니다. 자기 자신도 불안하시겠지만 그것을 지켜보는 사람도 답답해집니다.

선택은 깊고 짧게, 결단은 칼처럼 과감하게!

이 말을 늘 명심해야 합니다. 선택하기에 앞서 늘 당신 손에 아이스크림이 쥐어졌다고 생각하세요. 결단이 늦어지면 당연히 아이스크림은 녹아서 손가락 사이로 흘러내릴 것입니다. 그런 어리석은 일은 저지르지 않도록 해야 합니다.

## 결단력을 키우는 힘

### 1. 일단 실행에 옮기자

막상 하고 나면 아무것도 아닐 때가 있습니다. 그런데 실행하기 전에 지나치게 고민하고 두려워합니다. 고민을 없애는 방법은 간단합니다. 실행하는 순간 고민은 사라집니다. 시간이 지나면 고민은 더 깊어지고 넓어집니다. 이런저런 핑곗거리를 찾다가 결국 기회를 놓치고 맙니다. 완벽한 상태를 기다리다가는 아무것도 얻을 수 없습니다. 계획했다면 바로 실행해야 합니다.

## 2. 중요한 일을 먼저 해라

어차피 해야 할 일, 어떻게 해야 할까. 일이 많다고 해서 우왕좌왕하지 말아야 합니다. 한 가지부터 차근차근 해나가면 다 마칠 수 있습니다. 핵심은 바로 중요한 일부터 하는 것입니다. 그래야 짧은 시간 안에 효율적으로 일할 수 있습니다. 선택의 폭이 너무나 많으면 더 고민스럽습니다. 그러니 우선순위를 정해서 그 순서에 맞게 일을 진행하면 훨씬 수월합니다.


## 3. 뒤에 있지 말고 앞장서라

"너 좋을 대로 해. 네 결정에 따를게."

이런 자세는 좋지 않습니다. 이건 남들에게 당신을 '나는 소극적이고 우유부단하다'는 걸 알리는 꼴입니다. 그러면 나중에 당신이 무슨 결정을 한다 해도 그걸 신뢰하거나 당신을 따르지 않습니다. 선택권을 남에게 미루지 말고 당신이 선택권을 행사하세요.

# 43 나를 제대로
알리는 방법을

## 찾는 게
중요하다

어느 날, 한 남자가 월트 디즈니를 찾아왔습니다.

"안녕하세요. 저는 시계를 만드는 회사의 사장입니다."

"아, 그렇군요. 그런데 무슨 일로 저를 찾아왔죠?"

"다름이 아니라 당신이 만든 캐릭터를 사용하고 싶습니다."

월트 디즈니는 고개를 갸웃거렸습니다.

"그게 무슨 말씀이신지…."

그 당시만 해도 캐릭터 사업에 대한 개념조차 없었습니다.

"저희 회사가 만드는 손목시계에 '미키마우스'를 그려 넣어서
팔고 싶습니다."

"미, 미, 미키마우스를요?"

"그렇습니다. 아마도 저희 시계랑 미키마우스가 어울리면 귀엽
고 세련된 느낌의 새로운 시계가 탄생할 것 같습니다. 그리고 분

명 소비자들도 좋아할 겁니다."

월트 디즈니는 고개를 끄덕였습니다.

"좋소. 바로 계약하겠소."

몇 달 후, '마키마우스 시계'가 세상에 나오자, 소비자들의 반응은 참으로 뜨거웠습니다.

"어머, 시계가 참으로 귀엽다."

"시계 안에 쥐가 들어 있네."

한마디로 대박이었습니다. 그렇게 '미키마우스'는 캐릭터 자체로서 세계 최초로 상품화가 된 것입니다. 현재 미키마우스는 탄생한 지 아주 오래 지났지만 여전히 전 세계 사람들로부터 가장 사랑받은 캐릭터로서 자리를 지키고 있습니다.

캐릭터 강한 의류 브랜드로 '베네통'을 빼놓을 수가 없습니다. 베네통은 수많은 의류 브랜드 중에서 독특하고 창의적인 캐릭터로 세계인들, 특히 젊은이들로부터 많은 사랑을 받고 있습니다. 그러나 그런 캐릭터도 하루아침에 만들어진 게 아닙니다. 무일푼으로 시작해서 세계 최고의 패션 왕국을 건설한 루치아노 베네통은 자신의 의류에서 다른 의류와는 다른 차별점을 찾고 싶었습니다.

오랜 연구 끝에 그는 염색하지 않은 실을 가지고 옷을 생산한 뒤 염색하는 후염가공 공정 기술을 개발했습니다. 그 당시만 해도 획기적인 일이었습니다. 후염가공 공정 기술 덕분에 한 가지 제품을 여러 색상으로 만들 수 있었습니다.

다시 말해서 흰 스웨터를 일단 많이 생산을 한 다음, 빨주노초파남보 등 여러 가지 색상을 입혀 다양화를 꾀한 것입니다. 그는 거기에 머물지 않았습니다. 본격적으로 자사 제품의 이미지를 만들기 시작했습니다.

그건 광고를 통해서였습니다. 그는 도발적인 사진으로 승부를 걸었습니다. 신부와 수녀가 키스를 한다든지, 각종 인종이 벌거벗고 있다든지 등등 파격적인 광고를 통해 기존의 질서와 틀을 무너뜨리고 자유로움의 극치를 표현했습니다. 그게 바로 베네통의 정신이라는 것입니다. 광고를 보는 모든 사람들은 놀랐고 비판도 많았습니다. 그러나 베네통이라는 캐릭터를 강하게 심어주기에는 충분했습니다.

상품이나 연예인, 유명한 인물에게만 캐릭터가 필요한 게 아닙니다. 평범한 사람도 자신만의 캐릭터로 자신의 브랜드 가치를 높여야 하는 시대입니다. 남들에게 알려야 인정받고 가치 있는 존재가 되는 것이지요.

문화평론가 김헌식은 이렇게 말했습니다.

"마치 연예계처럼, 차별성 있는 자신만의 캐릭터가 있느냐가 직장 생활 롱런의 포인트다."

당신도 당신만의 캐릭터를 만들기 위해 노력해야 합니다.


## 나만의 긍정 이미지 만들기

### 1. 있는 그대로를 보이기

억지로 포장된 나를 만들 필요는 없습니다. 거짓 없고 진솔한 모습을 보일 수 있고 또한 그런 모습을 통해서 상대방이 마음의 문을 열게 하는 게 가장 쉽고 옳은 방법입니다. 괜히 남을 따라 할 필요도 흉내를 낼 필요도 없습니다. 있는 그대로의 모습을 보이세요. 그게 가장 확실한 캐릭터입니다. 아무리 못난 사람이라도 분명 한 가지 매력은 있기 마련이기 때문입니다.


### 2. 긍정적인 이미지 심기

게으른 사람, 지저분한 사람, 이기적인 사람 등 나쁜 캐릭터로 각인되면 회복하기가 힘듭니다. 아무리 일 처리를 깔끔하게 한다 해도 그다지 좋지 않은 이미지로 비칠 것입니다. 그렇기 때문에 정직한 사람, 성실한 사람, 인사성 밝은 사람, 능력 있는 사람 등 등 이왕이면 긍정적 캐릭터로 알려져야 합니다. 좋은 사람에겐 좋은 사람만 모이기 때문입니다.

# 상위 1%의 가르침

초판 1쇄 인쇄 2023년 12월 11일
초판 1쇄 발행 2023년 12월 22일

지은이 | 김현태
펴낸이 | 김의수
펴낸곳 | 레몬북스(제396-2011-000158호)
주  소 | 경기도 고양시 덕양구 삼원로73 한일윈스타 1406호
전  화 | 070-8886-8767
팩  스 | (031) 990-6890
이메일 | kus7777@hanmail.net

ISBN  979-11-91107-44-9 (03370)